17,00

Psicologia

O PÊNDULO DE CRISTAL

MARIA LÚCIA FERREIRA

O pêndulo de cristal

Uma terapia psico-oncológica

IDÉIAS & LETRAS
Aparecida-SP

Diretores Editoriais:
Carlos Silva
Ferdinando Mancílio

Editores:
Avelino Grassi
Roberto Girola

Coordenação Editorial:
Elizabeth dos Santos Reis

Ilustração:
Neyl Costa

Desenho dos sonhos:
Rosana Figueiredo

Fotos:
Hospice Sir Michael Sobell House e pacientes

Revisão:
Elizabeth dos Santos Reis

Projeto gráfico e Diagramação:
Juliano Cervelim de Souza

Capa:
Marco Antônio Santos Reis

IDÉIAS & LETRAS

Rua Pe. Claro Monteiro, 342 — Centro
12570-000 – Aparecida-SP
Tel. (12) 3104-2000 – Fax. (12) 3104-2036
Televendas: 0800 16 00 04
Vendas@redemptor.com.br
http//www.redemptor.com.br

Dados Internacionais de Catalogação na Publicação (CIP)
(Câmara Brasileira do Livro, SP, Brasil)

Ferreira, Maria Lúcia
O pêndulo de cristal / Maria Lúcia Ferreira; [ilustração Neyl Costa; desenhos dos sonhos Rosana Figueiredo] – Aparecida-SP: Idéias e Letras, 2004.

Inclui fotos.
ISBN 85-98239-21-6

1. Câncer – Aspectos psicológicos 2. Câncer – Pacientes terminais 3. Doentes em fase terminal – Aspectos psicológicos 4. Doentes em fase terminal – Cuidados 5. Morte – Aspectos psicológicos I. Costa, Neyl. II. Figueiredo, Rosana. III. Título.

04-4826 CDD-155.937

Índices para catálogo sistemático:

1. Câncer: Pacientes terminais: Morte:
Aspectos psicológicos 155.937

DEDICO ESTE LIVRO

a todos os meus pacientes que já partiram.
Com seu sofrimento e agonia, indicaram-me o caminho
a seguir; à minha mãe, por quem tão pouco pude fazer
na sua fase terminal, por não saber o que fazer.

SUMÁRIO

INTRODUÇÃO 11

CAPÍTULO I
A MORTE INVENTA O HOMEM 17
1 Questões Antropológicas 17
2 Questões Psicológicas 21
2.1 Psico-Oncologia 21
2.2 Psicossomática Junguiana 22
2.3 Psicologia Analítica – Terminalidade 30
Reflexões 43
3 Uma Questão Psiquiátrica 45

CAPÍTULO II
A PRÁTICA TERAPÊUTICA
DO CÂNCER TERMINAL 51
1 Medicina Paliativa 51
2 *Hospices*: A Última Morada 54
San Creu de Vic 55
St. Christopher's Hospice 58
Sir Michael Sobell House 60
Centro de Pesquisas de South Hampton 63
Memorial Sloan-Kettering Cancer Center 64
Beth Israel 65
Calvary Hospice 67
Palliativstation ak Barmbek 67
Considerações 69

CAPÍTULO III
LEVANTAMENTO E ANÁLISE DE PESQUISAS
DA ÁREA DE TERMINALIDADE 75
A morte 75
A Boa Morte 76
A Eficácia da Medicina Paliativa 77
A Psique e o Câncer 81

CAPÍTULO IV
A PSIQUE DO PACIENTE COM CÂNCER
NA FASE TERMINAL 85
Primeira Paciente – Letícia 90
Segunda Paciente – Luiza 116
Terceira Paciente – Augusta 123
Quarto Paciente – Joel 138
Quinto Paciente – Werner 153

CONCLUSÕES 165

REFERÊNCIAS BIBLIOGRÁFICAS 169

Prefácio

Este livro aborda dois grandes mistérios: o fenômeno psique-corpo e a morte. Enquanto o primeiro tem sido objeto de estudo científico desde o século XIX, intensificado nos últimos anos com as recentes descobertas da psicologia e das neurociências, o segundo, embora sujeito das maiores preocupações humanas, na verdade tem sido mais evitado nos meios acadêmicos do que investigado. Poderíamos nos perguntar as razões de tanta relutância.

Medo do que não é visível? Do imaterial? Do que transcende à consciência? Enquanto a angústia dos crentes pode ser amenizada por explicações religiosas, os mais céticos voltam-se para a ciência em busca de alguma luz. Uma volta que certamente não diminui o incômodo, à medida que a abordagem da ciência a respeito, além de escassa, tem sido condicionada ao modelo biomédico e redutivista. A revisão da literatura frustra o interessado não só pela pobreza como também pela falta de objetividade e aparente resistência.

Desta forma, esta obra tem vários méritos. Primeiro é um marco na história da psicologia à medida que enfrenta um tema tão complexo quanto a morte. Maria Lúcia foi questionada várias vezes no Programa de Estudos Pós-Graduados em Psicologia Clínica da PUCSP, onde realizou parte de seus estudos, tanto por sua coragem na escolha quanto pelo fôlego exigido para investigar um assunto tão pouco comum nos meios acadêmicos.

Entretanto, sua persistência em face das várias dificuldades encontradas fez com que a admiração por esta brilhante pesquisadora só aumentasse. Se não foi fácil encontrar um hospital que autorizasse sua investigação, mais difícil ainda foi conseguir uma bibliografia básica para fundamentar suas hipóteses e um modelo de tratamento para pacientes terminais.

Frustrada com a exigüidade do material encontrado, a autora partiu mundo afora, procurando descobrir, na prática, a real situação da área. Seu capítulo sobre suas visitas aos centros médicos é uma preciosidade. Por meio dele, o leitor viaja para os centros mais importantes do mundo e tem uma visão única sobre o estado da ciência no campo internacional. Sou testemunha, entretanto, de sua indignação com o que via, perante os chamados "cuidados paliativos". Observadora sagaz, Maria Lúcia espantava-se com a inconsciência dos profissionais de saúde que se recusavam a tomar conhecimento dos visíveis processos psicológicos que os pacientes sofriam nos seus últimos momentos. Cuidados Paliativos pareciam estar mais a serviço da equipe do que do paciente. A fala e as expressões do paciente eram desconsideradas, a favor de medicamentos que abafassem a consciência e a dor, mesmo quando o paciente claramente desejava contar seus sonhos e visões do momento. Na verdade, dizia-me a autora, sobre o paciente eram despejados medos e preconceitos dos profissionais de saúde, de modo a evitar lidar com seus próprios sentimentos.

Com o tempo, as viagens aos centros de excelência serviram para confirmar a necessidade de se desenvolver um campo de observação da psique destes pacientes. Na sua prática clínica, tendo acompanhado vários casos terminais, a autora conhecia o caminho para iniciar suas investigações. A teoria junguiana foi escolhida pela profundidade de sua conceituação sobre a estrutura e o dinamismo da psique, permitindo o aprimoramento de técnicas de observação condizentes tanto com o modelo científico moderno quanto com a interdisciplinaridade exigida na ciência atual. Atingimos um nível de conhecimento que não mais permite um tratamento unilateral, isto é, só orgânico ou só psicológico. E, aqui, temos uma amostra de como o tratamento dos processos orgânicos associado ao processo simbólico permite cuidar do paciente, promovendo seu bem-estar mesmo na terminalidade.

E este, talvez, seja o maior mérito deste estudo: o testemunho cuidadoso e significativo de uma grande pesquisadora sobre o desenvolvimento final da vida psíquica. Aqui foi dado um passo objetivo de uma analista curiosa, íntegra, e ao mesmo tempo sensível. Por meio de seu registro, percebemos sua empatia firme na forma como lida com a transferência e contratransferência em momentos tão delicados. Percebemos sua atitude firme ao auxiliar os pacientes a expressarem suas últimas vivências, dando voz a sentimentos há anos reprimidos e expressão a imagens e visões perante o desconhecido. Percebemos sua firmeza na escuridão e o conseqüente alívio da dor. E, com ela, aprendemos.

Portanto, este é um trabalho exemplar. Exemplar no sentido acadêmico, à medida que a autora nos fornece um modelo de investigação científico e técnico sobre a psique na terminalidade. E, exemplar, no sentido humano, à medida que sua coragem, dignidade e amorosidade, ao abordar um assunto tão temido, contribuem para que cada um dos seus leitores possa também acalmar sua angústia e refletir mais objetivamente sobre o tema.

Tem sido um privilégio acompanhar Maria Lúcia Tavares Ferreira. Um privilégio que agora, com a publicação deste livro, pode ser por todos igualmente compartilhado.

Profa. Dra. Denise Gimenez Ramos
Coordenadora do Programa de Estudos Pós-Graduados em Psicologia Clínica da PUCSP
Vice-presidente da International Association for Analytical Psychology

INTRODUÇÃO

Meu interesse pelo assunto da terminalidade da vida resulta, por um lado, de minha vivência pessoal com familiares portadores de câncer, acompanhando-os nas diferentes etapas, principalmente no período que antecedeu a morte, com a conseqüente repercussão sobre a família, e, por outro lado, do atendimento aos pacientes oncológicos, quando me foi possível observar o isolamento interno e o terror silencioso da morte por que passam esses pacientes e sua necessidade de se sentirem mais tranqüilos, para poderem refletir a respeito do sentido de seu sofrimento, com o auxílio de uma abordagem psicológica.

Diante dessas vivências, passei a estudar a área de Psico-oncologia, que reúne conhecimentos da Psicologia e da Oncologia, com suas próprias estratégias de observação e prática. Inicialmente, pretendia atender somente ao portador de câncer em meu consultório, mas, no momento em que entravam na fase terminal, esses pacientes solicitavam que eu os acompanhasse até o fim, no lugar em que estivessem. Em resposta a essa necessidade, desenvolvi uma prática terapêutica voltada a um atendimento que os ajudasse a enfrentar a complexa rede de sentimentos que os dominava, na fase anterior à morte. E, com esse trabalho, observei uma organização mais satisfatória dos pensamentos e uma melhor administração da dor por meio de relaxamento corporal e da visualização, que potencializam a ação dos opiáceos.

O quadro geral do paciente pode tornar-se mais tranqüilo, permitindo, assim, a interpretação de seus sonhos, as visualizações espontâneas e a emergência dos conteúdos latentes mais antigos, que aparecem nessa fase final da vida.

Após a morte de cada paciente, o material terapêutico é resgatado por meio da compilação e arquivamento das sessões, possibilitando-me uma reflexão. Assim, durante esses anos, revisei esse material arquivado e, em função desse estudo, constatei a necessidade de uma maior compreensão dos conteúdos inconscientes, especialmente quanto a seu caráter simbólico.

Grande parte do material apresentado nos sonhos, nas visualizações, e na prática verbal dos pacientes, não era decifrado por mim, ou seja, faltavam uma análise e uma interpretação, vedando ao paciente a possibilidade de uma melhor compreensão e o conhecimento de um sentido mais profundo de seu sofrimento.

Nesse aspecto, meu trabalho estava incompleto e se fazia necessária a revisão do embasamento teórico que norteava minha prática, bem como a procura de uma teoria psicológica que fornecesse mais subsídios para a compreensão das interrogações a respeito dos conteúdos psicológicos da psique do paciente com câncer em fase terminal.

Com base nas pesquisas teóricas em Psicologia, passei a ler e refletir a respeito da nova proposta da psicossomática junguiana, que considera *o símbolo como expressão da percepção das alterações fisiológicas e das imagens referentes sincronicamente* (Ramos, 1990: 51).

Essa nova abordagem mudou o rumo de minha prática e a leitura do material psíquico que os pacientes apresentavam. De posse das referências teóricas e práticas, encontrei uma possibilidade de ampliar meu universo de interpretação da psique frente à morte, muito embora seja árdua a tarefa de assimilar os conceitos de C. G. Jung. Apesar de principiante na leitura simbólica dos conteúdos apresentados pelos pacientes, foi-me possível vislumbrar novas possibilidades interpretativas, pelas quais resolvi enveredar.

Diante do escasso material encontrado nas fontes de pesquisa, decidi observar a prática dos *Hospices* e das Unidades de Cuidados Paliativos. *Hospices*, *House of rest for travellers*, *Hospital for dying people*, são denominações na língua inglesa que significam *construção*, nos moldes de uma casa familiar, para receber pacientes terminais com câncer. O tratamento médico dispensado refere-se somente ao controle da dor e dos eventuais efeitos colaterais provocados pelas drogas (opiáceos e derivados), por se tratar de um *hospital for people with incurable illnesses* (Longman, 1999: 143), e as Unidades de Cuidados Paliativos estão acopladas ao setor oncológico de um hospital, destinadas a pacientes fora de tratamentos médicos.

Visitei, na Espanha, na região da Catalunha, o Hospice San Creu de Vic, em 11/1995; na Inglaterra, em Londres, o St. Christopher's Hospice, em 5/1996, e, no condado de Oxford, o Hospice Sir Michael Sobell House, em 6/1996; nos Estados Unidos da América do Norte, em Nova York, pude seguir a rotina da unidade de cuidados paliativos do Hospital Memorial Sloan – Kettering Cancer Center, em 9/1997 e a do Hospital Beth Israel, em 9/1997, além do Calvary Hospice, em 10/1997; e, na Alemanha, o Hospice Palliativstation at Barmbek, em 5/1998.

Esse modelo de trabalho com pacientes terminais segue, em sua prática, os itens indicados pela Organização Mundial de Saúde (OMS) nos "Padrões de qualidade de vida necessários ao paciente oncológico".

Observei as práticas terapêuticas, acompanhando psiquiatras e psicólogos à beira do leito de cada paciente, bem como a rotina diária desse trabalho, participando das reuniões da equipe multidisciplinar de atendimento. Pude verificar a excelência do atendimento dispensado ao paciente, e o empenho em promover a qualidade de vida no período da terminalidade; no entanto, senti falta de pesquisas referentes à psique do paciente que está morrendo.

Diante da necessidade premente, para todos nós, do desenvolvimento de pesquisas relacionadas a todas as manifestações do ser humano que está morrendo, e levando em consideração toda a unidade da complexa rede de processos psicobiológicos e psicopatológicos que constituem o paciente, passei a observar e coletar os conteúdos simbólicos de 25 pacientes com câncer, em período terminal de vida. Por meio dos sonhos e das visualizações, desenvolvi minha pesquisa a respeito da psique do paciente frente à morte, escolhendo, entre esses, cinco pacientes.

Este livro contém quatro capítulos, partindo da teoria e da revisão bibliográfica à prática. Assim, no Capítulo I – A Morte Inventa o Homem –, observo a analogia dos processos histórico-antropológicos descritos por Morin (1997) com os conteúdos da psique apresentados no período da terminalidade. Ou seja, o antropológico primitivo com o inconsciente coletivo, no qual está imerso o inconsciente individual, e assim, pode-se confirmar que *o primitivo, em qualquer homem, está ultrapassado, mas conservado* (Morin, 1997: 103).

No Capítulo II – A Prática Terapêutica do Câncer Terminal –, descrevo as visitas aos *Hospices* e Unidades de Cuidados Paliativos da Inglaterra, Espanha, Estados Unidos e Alemanha. Para o estudo da terminalidade, sob o ponto de vista junguiano, os subsídios que fundamentaram o material simbólico, apresentado pelos pacientes, foram embasados por Von Franz (1979; 1995), Jaffé (1995); Rohn (1995) e Herzog (1983). E dedico um item exclusivo a Kübler-Ross (1969), que me proporcionou subsídios na descrição das etapas do processo de morrer, sendo que algumas foram percebidas junto aos cinco pacientes escolhidos para serem descritos em meu trabalho.

Nos sonhos descritos pelos autores mencionados, encontrei símbolos iguais e semelhantes nos sonhos dos pacientes que observei. Além disso, muitas de suas observações quanto às emoções, medos, afetos, reações de pacientes terminais, foram as mesmas. Dessa forma, além de fornecerem uma base teórica sólida, indicaram que eu estava no caminho certo na pesquisa.

Relato, também, o que pude observar quanto à eficácia de uma equipe multidisciplinar bem treinada; a organização das casas e unidades; o cuidado e o conhecimento a respeito do controle da dor, bem como faço uma reflexão a respeito da concepção do homem e da psique dessas equipes.

No Capítulo III – Levantamento e Análise de Pesquisas da Área da Terminalidade –, selecionei algumas das 80 pesquisas catalogadas, que considerei mais representativas e próximas aos temas desenvolvidos neste trabalho, tais como: o impacto da morte; a boa morte; a psique e o câncer; e a eficácia da Medicina Paliativa. Em seguida, apresento como resultado os benefícios propiciados aos pacientes com as condutas desenvolvidas pelas equipes de saúde, além de assinalar a necessidade de certas melhorias nesse tipo de atendimento, para garantir a qualidade de vida dos pacientes terminais.

No Capítulo IV – A Psique do Paciente com Câncer na Fase Terminal –, relato a psicoterapia desenvolvida até o falecimento dos cinco pacientes estudados, durante a qual fiz a coleta dos conteúdos da psique apresentados em seus sonhos e visualizações. Observei os símbolos que indicavam a morte iminente, o terror da punição e a morte como cura, com a compreensão desses símbolos integrados à consciência, levando os pacientes ao conhecimento maduro e sereno do processo de morrer com dignidade.

Finalmente, apresento as Conclusões a que cheguei, depois desse trabalho que uniu a teoria à prática e a avaliação de meu enriquecimento intelectual e profissional.

Neyl Costa

CAPÍTULO I

A MORTE INVENTA O HOMEM

O primitivo, em qualquer homem, está ultrapassado, mas conservado *(Morin, 1997: 103).*

1 Questões Antropológicas

Para ampliar o entendimento dos conteúdos da psique do paciente com câncer na fase terminal, decidi começar a revisão bibliográfica pela literatura da área de Antropologia, mais exatamente com os estudos de Edgar Morin (1997), a respeito do nascimento da cultura humana.

Observei a analogia dos processos histórico-antropológicos descritos por Morin (1997) com os conteúdos da psique apresentados no período da terminalidade, do confronto com a morte, confirmando, assim, a afirmação de que o *primitivo, em qualquer homem, está ultrapassado, mas conservado* (Morin, 1997: 103), que relaciona os conteúdos antropológicos primitivos com o inconsciente coletivo, no qual está imerso o inconsciente individual. Por isso, esse percurso antropológico foi de extrema utilidade para meu estudo.

A morte é a mais vazia das idéias vazias, pois seu conteúdo é o impensável, o inexplorável, o "não sei o quê" conceitual. A morte é a idéia traumática por excelência, pois o homem não pode adaptar-se à morte. Jamais sua técnica e seu saber seriam capazes de adiar a hora da morte e nunca poderá penetrar no interior de seu domínio e ressuscitar um morto. Ele só pode adaptá-la magicamente e só pode humanizá-la miticamente.

A concepção cosmomórfica primitiva da morte é a de morte-renascimento, o morto-humano, imediatamente, ou mais tarde, renasce em um novo ser vivo, humano ou animal.

Morin (1997) descreve os rituais do paleolítico, durante os quais os corpos eram enrolados na posição fetal (renascimento) e acompanhados de seus objetos pessoais, o que assinala a crença do duplo (espírito). O renascimento é uma idéia anterior a qualquer pensamento lógico-formal.

O autor também cita as águas como valor mítico universal de morte e de nova vida. O poder da água, como elemento de renascimento e vida, é o de grande comunicadora mágica do homem com o cosmo. O mar carrega consigo a grande harmonia, a grande reconciliação com a morte. Ele é a natureza primeira, a mãe cósmica, análoga à mãe real, carnal, protetora, amorosa. As águas falam a linguagem das origens e, com o surgimento do mundo helênico, acontece a grande virada histórica e novos conceitos de morte são introduzidos pelos gregos. O poder dos mortos passou então a ser o poder dos deuses, e a ciência dos mortos se transformou em ciência dos deuses ou em religião, estabelecendo, assim, novos conceitos.

Em suas pesquisas, Morin (1997) traz os costumes entre os unalites, do Alasca, onde todos os habitantes da aldeia se sentem fracos no dia seguinte a um falecimento. Nas ilhas Andaman, após a morte de alguém, os nativos saem da aldeia por vários meses e colocam guirlandas de folhas para advertir o estrangeiro do perigo. Eles só voltam quando a ossada já se putrefez e, então, celebram a cerimônia familiar que acaba com esse período. Vê-se que uma grande parte das práticas funerárias e pós-funerárias visa proteger da morte contagiosa, mesmo quando essas práticas pretendem proteger o morto, cujo espectro maléfico, unido ao cadáver em apodrecimento, persegue os vivos.

O homem primitivo, ao apresentar esse comportamento, parecia indicar que seu terror à decomposição do cadáver significava o terror da perda da individualidade. E, até os dias atuais, os funerais são ainda constituídos de um conjunto de práticas tanto consecratórias como determinantes da mudança de estado de morto, e que acabaram por institucionalizar um complexo de emoções que refletem as perturbações profundas que uma morte provoca no círculo dos vivos. Não são os feiticeiros ou os sacerdotes que tornam a morte terrível, mas é o terror à morte que os sacerdotes utilizam.

A ostentação da dor nos funerais destina-se a provar ao morto a aflição dos vivos, a fim de que possam merecer sua benevolência.

Temos a preocupação com a morte desde os primórdios da humanidade, quando o homem de Neandertal sepultava seus mortos e, em algumas sepulturas, foram encontrados cadáveres em posição fetal, sugerindo a crença em seu renascimento. Em outras sepulturas, os ossos foram pintados com ocre, sugerindo um funeral. Esse fato de dar sepultura a seus mortos, não sendo uma questão de instinto, indica o início da aurora do pensamento humano.

Qualquer grupo, por mais primitivo que tenha sido, não abandonou seus mortos e nem os deixou sem seus ritos, pois a crença na imortalidade significa o prolongamento da vida por um período indefinido, mas não necessariamente eterno, pois a eternidade é uma noção abstrata e posterior.

No vocabulário mais arcaico, a morte não existe como conceito. Fala-se dela como um sono, uma viagem, uma doença, um acidente, um malefício, uma estrada na morada dos ancestrais. E, nos dados primordiais da consciência coletiva, aparece uma contradição: a mesma consciência nega e reconhece a morte. Ela a nega como aniquilamento, mas a reconhece como fato. No cerne dessa divisão originária, existia uma zona de inquietude e horror: *a morte disforme e horrível de se ver* (Morin, 1997: 34).

Morin (1997) conclui sua pesquisa refletindo a respeito do clima de angústias modernas dos séculos XX e XXI, quando o niilismo e seus argumentos da razão se mostram ineficazes contra a obsessão da morte, como também os subterfúgios da esperança.

Assim, nesse conflito incessante, volta-se à crença no outro mundo, e no Salvador. Conseqüentemente, volta-se à antiga crença na imortalidade. No entanto, nem mesmo essa atmosfera de crenças é capaz de drenar sozinha todas as neuroses da morte e o autor nos oferece um novo ângulo de visão a respeito da morte, na qual a sociedade funciona não apenas apesar da morte e contra a morte, mas ela só existe como organização – por, com e na morte.

2 Questões Psicológicas

Faz-se necessário um pequeno histórico da Psico-Oncologia, porque esse trabalho de atendimento ao paciente terminal iniciou-se com a sistematização da intervenção psicológica junto ao paciente com câncer, a partir dos conhecimentos da Psicologia e da Oncologia. Assim sendo, esse trabalho visa também intervir na fase terminal do paciente com câncer.

A subdivisão que segue respeitou a cronologia da Psico-Oncologia organizada e criada por Holland (1980), no Memorial Sloan Kettering Cancer Center, de Nova York e seu desenvolvimento no Brasil, assim como o caminho de meu estudo e prática nessa área.

2.1 Psiconcologia

Na década de 1980, nos Estados Unidos da América do Norte, a doutora Jimmie Holland, médica psiquiatra, organizou e criou a área da Psiconcologia, para atender à demanda da comunidade científica dos médicos oncologistas, que se defrontavam com o impacto emocional da experiência do câncer em seus pacientes, constatando que os estados emocionais têm um grande papel na tolerância ao tratamento e no prognóstico satisfatório.

Em sua obra (1990), Holland relata que, em 1977, criou com uma equipe o serviço psiquiátrico do Memorial-Sloan Kettering Cancer Center, de Nova York e, após alguns anos, estabeleceu a Psiconcologia como uma subespecialidade da oncologia e da Psiquiatria, com seu próprio dossiê de informações.

O foco de estudo centrou-se nas duas dimensões psicológicas verificadas na fase do diagnóstico do câncer: a primeira refere-se ao impacto da doença, observado na mudança do comportamento emocional dos pacientes, de suas famílias e dos profissionais da saúde encarregados do tratamento; a segunda, é a influência dos aspectos psicossociais e comportamentais na incidência e no desenvolvimento do câncer. Desta forma, o foco da intervenção centrou-se no contexto psicológico e médico, contribuindo, assim, efetivamente, para a adaptação à doença dos pacientes infantis, adultos ou idosos.

Os serviços oferecidos estendiam-se ao atendimento dos problemas das famílias do paciente, *home care*, atendimento da equipe de saúde, problemas éticos e de pesquisa, bem como providenciava os tratamentos principais e dispunha de serviço psicoterapêutico, intervenções comportamentais e farmacológicas. O embasamento teórico do trabalho segue a linha behaviorista-cognitiva, *que tem sido de particular interesse para o câncer, porque, em curto prazo, direciona ao controle os sintomas-alvo* (Holland, 1990: 467).

No Brasil, em 1983, iniciaram-se os primeiros trabalhos dessa área. A Psico-Oncologia pode utilizar qualquer teoria: Psicanalítica, Cognitiva, Comportamental, Junguiana, e outras, desde que se conheça o objeto do trabalho, ou seja, o paciente, sua família, e o profissional que cuida dele. Todas as diferenças, em função dos tratamentos, fases, local do câncer, etc., e as técnicas do trabalho, vão derivar da linha teórica adotada.

A intervenção da Psico-Oncologia deverá contar com o conhecimento e com as pesquisas de outras áreas da saúde ou ligadas a ela.

2.2 Psicossomática Junguiana

A Dra. Denise Ramos é a pioneira que pesquisou, desenvolveu e introduziu no Brasil o estudo de um modelo psicológico teórico, para ser aplicado na compreensão e no tratamento das doenças chamadas orgânicas.

Em suas pesquisas, constatou que tanto na área da Medicina como na área da Psicologia, havia uma grande confusão conceitual quando tratavam da relação psique-corpo como doença. Muitos autores não pareciam preocupar-se com definições ou teorias, partiam para um estudo empírico sem definir o conceito empregado *(Ramos, 1994: 26)*.

Mesmo em relação ao uso do termo *psicossomática*, a autora verificou não haver um consenso quanto a seu significado. Até há alguns anos, não havia referencial teórico estabelecido, conceitual ou institucional, que pudesse situar a problemática de saúde e doença em um novo paradigma (Ramos, 1994: 34). Constatou, então, a necessidade de formular gradualmente uma nova conceituação teórica e, ao mesmo tempo, desenvolver métodos de pesquisa e tratamentos condizentes.

Para subsidiar suas afirmações teóricas, recorreu às pesquisas do campo da psicossomática pelas escassas pesquisas encontradas na área da Psicologia Clínica, referentes à doença orgânica.

Para abordar essa nova proposta, destaquei algumas reflexões feitas pela autora a respeito do modelo holístico na ciência, que se caracteriza pela indeterminalidade, pelo relativismo e pelo pluralismo. Segundo ela, os fenômenos devem ser observados como totalidades dinâmicas, evolucionárias e criativas. Não podem ser compreendidas pela dissecação de suas partes, nem previstas pela observação de seus componentes.

O termo holismo é incorporado hoje a diferentes áreas do conhecimento, pois o progresso da Medicina Molecular, da Neurologia, da Genética, e a aplicação da teoria quântica na Biologia, ampliaram nosso modo de ver a relação mente-corpo e nos levaram a uma nova reflexão a respeito de saúde e doença.

O pensamento científico moderno, tanto na Física e Química, como na Biologia e na Psicologia, tem nos levado a uma visão que se aproxima, de certo modo, daquela das culturas mais tradicionais e "naturais". Assim, novas tendências começaram a se apropriar de um princípio holístico ou força psíquica maior que qualquer evento neurobiológico e as descrições moleculares da vida psíquica começaram a revelar a interdependência mente-corpo como uma unidade significativa.

A Física Quântica ensina que matéria e energia são dois aspectos diferentes da mesma realidade e que suas propriedades físicas podem ser observadas somente como probabilidades estatísticas. A indeterminabilidade é, de fato, uma função da relação matéria-energia com a mente do experimentador. Assim, a teoria quântica questiona o princípio da causalidade e do determinismo, levando a profundas mudanças nas ciências humanas, biológicas, na teoria da evolução e na Psicologia.

A partir dessa conceituação, uma força vital, assim como uma força gravitacional entre outras, não podem ser conhecidas redutivamente. Somente podemos medir seus efeitos, mas, na essência, elas são não-demonstráveis.

Se o nível molecular é útil para o estudo dos eventos fisiológicos, é no nível quântico que matéria e psique se encontram. A ciência moderna, assim, sugere a natureza problemática do conhecimento e deixa de lado a idéia de um mundo objetivo, consensual, normativo. Aqui, a idéia de normal e universal é questionada (Ramos, 1994).

Diante dessa visão moderna da ciência, o termo psicossomática não se refere mais a uma doença sem um diagnóstico claramente orgânico. Deriva do reconhecimento de uma interdependência fundamental entre mente e corpo, em todos os estágios de doença e saúde. Seria um reducionismo considerar que há doenças de causas puramente psicológicas ou puramente orgânicas, pois há sempre um pluralismo na observação de qualquer fenômeno.

A tendência atual considera todas as doenças psicossomáticas, na medida em que elas envolvem a inter-relação contínua entre corpo e mente em sua origem, desenvolvimento e cura (Ramos, 1994).

A autora conclui que se faz necessária uma nova síntese, pois uma nova de-integração começa a emergir do inconsciente coletivo, formando um novo modelo num mundo globalmente interconectado, onde se observam os fenômenos biológicos, psicológicos, sociais e ambientais interdependentes. Ela propõe um modelo analítico para desenvolver uma conceituação aplicável ao fenômeno da doença e saúde, em sua inter-relação com o fenômeno psique-corpo.

O desenvolvimento na Psicologia Clínica de uma abordagem holística e simbólica permite um novo ponto de vista, pois abarca diferentes áreas da ciência, estudos interculturais e amplia nossa perspectiva, permitindo ver idéias correntes acerca da doença e do tratamento sob nova luz. Urge, assim, o desenvolvimento desse corpo teórico coerente, que possa abranger com maior amplitude a grandeza de um tema tão complexo quanto a questão do fenômeno psique-corpo na doença.

O trabalho de Ramos (1994) está em harmonia com os diferentes métodos de tratamento e pontos de vista mais tradicionais, mas alinha-se também com as modernas teorias científicas.

As bases psicossomáticas da abordagem analítica já haviam sido lançadas em 1906 por Carl Jung, ao desenvolver o experimento da associação de palavras, que se revelou um campo de observação básico para a psicofisiologia humana e seus resultados indicaram que tanto os sintomas físicos quanto os psíquicos são *manifestações simbólicas de complexos patogênicos* (Jung, 1971).

Os experimentos de associação de palavras usados por Jung forneceram um caminho para o estudo experimental do comportamento dos complexos e da relação psique-corpo, bem como a compreensão da *estrutura egóica* e do *inconsciente pessoal.* Embora Jung não tenha se aprofundado nessa questão, deixa claro, na definição de *complexo* e *ego*, que cada emoção é acompanhada de mudanças corporais.

Para Jung (1971), complexo *é sempre uma coleção de várias idéias, mantidas juntas por um tom emocional comum a todas* e o significado do *ego* é psicologicamente um *complexo* de imaginações mantidas juntas e fixadas por impressões sinestésicas, que seriam a totalidade das sensações, as quais se originam nos órgãos corporais e é por elas que o próprio corpo é percebido. Dessa forma, Jung inicia uma abordagem psicossomática dos comportamentos emocionais.

Jung (1971) deixa claro que o ego, originário do arquétipo do *Self*, tem uma base psíquica e outra somática e é esta que se constitui das percepções endossomáticas conscientes e inconscientes.

A base psíquica do *ego* teria uma parte consciente, consistindo do campo total da consciência e outra, inconsciente, que representaria a soma total dos conteúdos inconscientes (Jung, 1971). Essa base psíquica estende-se também aos arquétipos, que se expressam na experiência corporal e nas imagens arquetípicas (Fordham, 1957).

A natureza real do arquétipo, por ser transcendental, não é passível de ser conscientizada. Tudo o que se sabe a respeito dos arquétipos são visualizações, interferências ou concretizações que pertencem ao campo da consciência.

Quando um determinado complexo se constela, não há uma só alteração no nível fisiológico, como os experimentos de associação revelam, mas uma transformação na estrutura corpórea total, que pode ou não ser percebida pelo indivíduo, mas que é sentida como um mal-estar indefinido ou manifestar-se numa sintomatologia mais clara.

A percepção dessas alterações levou à idéia de que todo complexo, inclusive o complexo egóico, traz consigo um padrão específico de imagens e de sensações sinestésicas. Quanto maior a intensidade e a autonomia do complexo, maior é a sintomatologia e *seu efeito é o de produzir uma doença* (Jung, 1971), a qual seria uma expressão simbólica, uma forma de o organismo expressar uma desarmonia entre um desejo e uma resistência, entre um impulso e uma negação (Ramos, 1990).

Para a compreensão dessa abordagem aplicada à doença, é necessário estudar também a formação do símbolo, descrita por Ramos (1994) como a formação da imagem corporal, que não resulta apenas das experiências pessoais, mas baseia-se na relação *ego-Self* – também com uma representação corpórea.

A consciência corporal é um *de-integrado* (conteúdo resultante da divisão do *Self* para a formação do ego), uma percepção de uma parte do corpo total, do *Self* corpóreo.

No indivíduo normal, o *de-integrado* aparece na consciência como um *símbolo* em sua polaridade mais concreta ou na polaridade mais abstrata, mas sempre atuando nas duas instâncias.

O desenvolvimento do *ego* depende, em parte, de sua capacidade de absorver esses *símbolos*, imagens e sensações, que lhe fornecem informações a respeito do *Self*. Os símbolos do *Self*, por sua vez, emergem das profundezas do corpo. De acordo com Jung (1971), o *símbolo* é um corpo vivo. A unicidade da psique pode ser somente percebida aproximadamente; embora ela permaneça a base absoluta de toda consciência, as camadas mais profundas da psique perdem sua individualidade à medida que se aproximam mais e mais da escuridão. Aproximando-se dos sistemas funcionais autônomos, os símbolos se tornam cada vez mais inconscientes, até que se tornam universais e extintos na materialidade do corpo, isto é, nas substâncias químicas. Então, no fundo a psique é simplesmente mundo. No símbolo, o mundo fala. Quanto mais arcaico e profundo o símbolo for, isto é, quanto mais fisiológico, mais ele é coletivo, universal, e material.

Ao fazer algumas observações a respeito do desenvolvimento do processo simbólico, Ramos (1994) retoma a teoria do desenvolvimento da personalidade e a observação acerca das estruturas psíquicas, que são construídas primeiramente nas reações psicofisiológicas. Como os bebês reagem corporalmente ao medo ou à sensação de abandono, um adulto reage com um sintoma físico a uma sensação de abandono. Desta forma, ele estaria revivendo um padrão infantil de comportamento, pois como o bebê não tem uma linguagem verbal, responde psicossomaticamente à dor emocional.

Os conteúdos psicológicos diferenciam-se lentamente dos somáticos na psique infantil e se a relação mãe-filho for satisfatória, a comunicação simbólica verbal vai se desenvolver em harmonia com a corporal, complementando-a. A diferenciação psique-corpo firma-se e a relação mãe-filho dá a base para a formação da função transcendente, função esta que conecta *opostos* e exprime-se por meio do *símbolo*, que facilita a transição de uma atitude ou condição psicológica para uma outra (Samuels, 1998).

Os arquétipos, entendidos como imagens primordiais do inconsciente coletivo – conceito psicossomático –, unem corpo e psique, instinto e imagem (Samuels, 1998), vão se de-integrando com as duas polaridades e tornam-se conscientes.

Para Ramos (1994), está implícito no conceito de símbolo e

de doença o conceito de sincronicidade, que se refere à existência de dois ou mais fenômenos, ocorrendo ao mesmo tempo, sem relação de causa e efeito entre si, mas com relação de significado.

A partir desse conceito, pode-se perceber melhor que uma imagem não causa uma determinada sensação e que uma determinada sensação não leva à formação de uma imagem, mas que ambas estão presentes simultaneamente no organismo, conscientemente ou não.

Na medida em que psique e corpo formam um par de opostos, sua relação não pode ser percebida somente como causa e efeito. Assim, os fenômenos da *sincronicidade* mostram que o não psíquico pode se comportar como o psíquico e que o psíquico pode se comportar como o somático, sem que haja qualquer relação causal entre ambos. Desta forma, o fator chamado de *símbolo*, quando na consciência, revela que a psique e a matéria são aspectos diferentes de uma única e mesma coisa (Jung, 1971). Portanto, toda e qualquer doença tem uma expressão no corpo e na psique simultaneamente.

Ao estender o conceito de Jung, quanto à finalidade básica de qualquer manifestação do inconsciente ser de compensar uma atitude unilateral da consciência para o campo da doença orgânica, pode-se afirmar que a doença orgânica é uma expressão simbólica que visa compensar uma atitude unilateral da consciência. Assim, a doença seria uma reação do organismo, uma compensação, com a finalidade de levar o indivíduo a integrar o reprimido, re-ligando o *ego* a seu eixo com o *Self*.

Os fatores causais, genéticos ou sociais, são considerados instrumentos para a atuação do mecanismo compensatório. Ramos (1994: 55) fornece um exemplo: uma reação alérgica no trabalho, decorrente da manipulação de uma substância, poderia revelar uma hipersensibilidade inflamatória inconsciente a esse trabalho, expressa pela alergia. A "somatização" poderia então ser compreendida como uma forma de compensação que levaria o doente a retificar uma relação exageradamente unilateral com seu ambiente.

Conforme se pôde constatar com essa conceituação analítica, Ramos (1994) resgata a problemática psique-corpo, situando-a no moderno modelo científico-holístico da Psicossomática junguiana.

2.3 Psicologia Analítica – Terminalidade

Nesta pesquisa bibliográfica, segui um padrão: selecionei o material que tratasse do tema da morte do paciente terminal com câncer e dos tratamentos psicoterapêuticos referentes a esse público-alvo e desenvolvidos para ele.

Toda a bibliografia geral lida em muito colaborou para o processo pessoal de amadurecimento do tema escolhido e de reflexão a respeito do objetivo da dissertação. No entanto, só mantive como referência, durante todo o trabalho, os autores neste capítulo comentados: Von Franz (1995); Jaffé (1995); Frey-Rohn (1995) e Herzog (1983). E a análise desse material foi constituída, apenas, das partes que diziam respeito diretamente ao material psíquico colhido dos pacientes que fizeram parte de minha pesquisa.

Durante anos de atividade na área de Psicologia, Jaffé, Rohn e Von Franz (1995) trabalharam constantemente com o fenômeno da morte. Forneceram uma visão importante da psicologia profunda, permitindo uma discussão a respeito da morte e, nesse sentido, conseguiram prestar ajuda a muitas pessoas. Os trabalhos apresentados neste livro talvez sejam os únicos a se ocuparem tão minuciosamente com os sonhos que antecedem a morte. Cada autora escreveu um capítulo.

Em sua parte, Jaffé revela a "vivência da morte" de Jung, após seu enfarte em 1944, do qual ele se recuperou. Apóia-se nas diversas conferências de Jung a respeito do tema da morte, assim como em suas cartas e informações pessoais. Em seu relato, temos a descrição do trabalho que realizou num asilo para anciãos, no qual observou que a tomada de consciência da própria "sombra" é revestida de grande significado para o moribundo. Esse fato esclareceu-lhe o porquê das figuras surgidas nos sonhos, nos mitos e nas lendas, como, por exemplo, a imagem do juízo final, a visão do diabo que vem buscar a alma do pecador não arrependido, assim como as almas que continuam presas à terra, "circulando" por não haverem expiado uma injustiça ou um crime; além da noção do céu como recompensa e do inferno como castigo.

Essas experiências são examinadas à luz da psicologia analítica e das pesquisas acerca do fenômeno da sincronicidade, relacionando-as com os sonhos de cura em diversos cultos. Interessou-se em esclarecer os fenômenos que giram em torno da morte e submeteu-os a uma interpretação psicológica.

Em um relatório de uma paciente camponesa, durante sua doença que a levaria à morte, ela via seu falecido marido em pé, diante de sua cama, e ela sabia que só morreria quando conseguisse segurar suas mãos.

Ao descrever os sonhos sobre a morte, Rohn verifica que, em virtude da expressão anímica, e graças a sua relação com o sonhador, o material onírico torna-se mais claro quanto aos conteúdos a respeito da morte e do ato de morrer.

A morte é anunciada em sonhos. É uma situação arquetípica por excelência e as imagens precursoras da morte têm uma ubiqüidade análoga. São típicos os motivos indicadores de uma viagem, de uma passagem sinistra, da conclusão da vida e do renascer do homem. E, como arautos da morte, o murchar de uma planta favorita ou um abalo da terra.

De modo variado, os sonhos preparam o paciente para as ocorrências de doença ou de morte que estão por acontecer. As imagens que vêm à tona podem consistir numa ameaça aterradora ou, então, podem anunciar-lhe a morte sob a forma de um abismo escuro, como um ferimento ou uma destruição ou, ao contrário, descortinando um panorama feliz, com uma vida luminosa.

Rohn (1995) pontua alguns sonhos sobre a morte, como o de um jovem saudável de 30 anos que teve o seguinte sonho durante uma viagem de negócios ao Oriente Médio:

> *Eu fugia com um garoto, subindo a encosta íngreme de uma colina, antes de alcançar o planalto... O diabo entra no plano, à esquerda. Notando minha presença, ele se aproxima, dizendo que em breve iria se haver comigo. Meio temeroso, meio desafiante, de pé, eu dizia para mim mesmo: Já sei, se realmente chegar a este ponto. E se eu sair vivo? O diabo riu, dizendo que haveria algumas alegrias durante o percurso. Ele vestia uma longa túnica árabe escura, seu rosto era de um marrom muito escuro, mas quando alisava suas roupas, apareciam todas as cores entre as pregas. Ele tinha uma mancha bem vermelha em uma das faces; eu achei que se tratava de um estigma, como uma aranha preta* (Rohn, 1995: 28).

Alguns dias depois desse sonho – cujo relato foi encontrado mais tarde em sua pasta –, esse jovem veio a falecer, vítima de um acidente aéreo no deserto árabe.

Esse jovem havia tido um sonho anterior, contendo símbolos de um estigma e da aranha preta, indicadores do arquétipo da Mãe Terrível. Sem prestar atenção à indicação de uma situação ameaçadora que se aproximava, ele se arriscou a viajar de avião. Como ficou provado mais tarde, ele pressentiu o poder superior do inconsciente, que havia antecipado as sombras escuras do destino, mas resolveu desafiá-lo.

Von Franz (1995) descreve as experiências arquetípicas nas proximidades da morte. Narra e interpreta sonhos e as outras experiências anímicas que anunciam ao indivíduo a proximidade de sua morte, no intuito de ajudá-lo a lidar com o fato de ter de morrer. Discute, ainda, as formas possíveis de uma dimensão da psique, que transcende o tempo e o espaço, e que independe desses conceitos. Após refletir a respeito do conteúdo do que escreveu, a autora teve o seguinte sonho:

> *Eu me dirigia de carro para minha casa de férias no além. O motorista era alguém que na realidade já estava morto. A casa de férias no além não se encontrava – como minha verdadeira casa de campo – ao lado de um bosque, mas sobre o cume de uma montanha. Ela estava sendo reformada. Estávamos rodeados por nuvens brancas e paredes de neblina, que se chocavam continuamente entre si. De vez em quando, a parede de neblina se rasgava, e podíamos ver a planície lá embaixo pela abertura – montanhas e paisagens verdejantes de uma beleza extraordinária. Mas logo a parede de neblina voltava a se fechar, e já não se via mais nada.*
>
> *Isso me parece ser então o que tentei transmitir neste ensaio: alguns breves momentos numa terra totalmente desconhecida, da qual quase sempre estamos separados pela neblina, enquanto ainda vivemos nesse corpo; contudo, de vez em quando, vislumbramos dela paisagens surpreendentes. Creio que esses momentos comprovam o enfoque de Jung, de que o processo de individuação também é uma preparação para a morte, e de que esta última não significa um fim, mas uma*

singular transformação que a razão não pode compreender (Von Franz, 1995: 109).

Von Franz analisa a relação entre o inconsciente e a morte pelos sonhos de pessoas que estão prestes a morrer. Em sua abordagem, mostra como nosso inconsciente nos prepara para essa transição, amparada por rico material etnológico, histórico, religioso e alquímico, como também por informações de cunho parapsicológico. A partir desse material, podemos apreender o múltiplo simbolismo que esses sonhos contêm. O inconsciente, quando se depara com a morte, logo desenvolve imagens simbólicas e míticas que passam a povoá-lo.

A autora prossegue afirmando, como é de conhecimento geral, que não podemos manipular os sonhos, pois eles são, por assim dizer, a voz da natureza dentro de nós, mostrando-nos, por seu intermédio, a maneira como a natureza nos prepara para a morte, pois alguns indicam simbolicamente o fim da vida corporal e a continuação explícita da vida psíquica após a morte. Quando uma pessoa alimenta ilusões quanto sua morte iminente, ou não tem consciência de que ela se aproxima, seus sonhos podem indicar tal fato, apresentando temas como o do "relógio que parou e não pode mais andar", ou da "árvore da vida derrubada ao chão". Às vezes, a morte pode ser retratada de modo ainda mais explícito, como o caso de uma jovem com câncer generalizado que, 24 horas antes de morrer, teve o seguinte sonho:

> *Estou de pé ao lado de minha cama aqui no quarto do hospital e me sinto forte e cheia de saúde. A luz do sol entra pela janela. O médico está a meu lado e diz: "Muito bem, você está completamente curada. Surpreendente! Pode se vestir e ir embora". Nesse instante eu olho para trás e vejo meu próprio corpo morto na cama* (Von Franz, 1995: 11).

A reconfortante mensagem do inconsciente – de que a morte é uma "cura" e de que há vida após a morte – não pode aqui ser interpretada como realização de um desejo, pois o sonho prediz, de forma brutal e inequívoca, o término da existência física. O que ocorre é que o inconsciente prepara o indivíduo para a morte. Von Franz cita a similaridade dos mesmos arquétipos, essas estruturas básicas da psique que parecem operar incessantemente, com temas que se repetem, em especial, a separação dos elementos, em analogia aos mitos da criação; o tema da grande passagem ou aventura; a travessia da água ou de uma ponte, com um ou dois acompanhantes; a restauração do morto num corpo anímico ou glorificado.

Para Von Franz, a morte pode ser encarada como o momento crítico em que o bem e o mal colidem no indivíduo. Em várias pinturas da Idade Média, a morte é representada pela luta entre um diabo e um anjo, para levar a alma de uma pessoa prestes a morrer.

A idéia de que a morte é uma espécie de luta, num momento decisivo, parece ser de natureza arquetípica e essas reações de luta diante da imagem iminente representam dois aspectos do mesmo processo: alguns ainda estão em agonia, na luta com os opostos psíquicos – o Hierogamos – o casamento sagrado com a morte, enquanto outros pacientes parecem ter um pressentimento do resultado final dessa luta, a pacificação, a união dos opostos.

Também é comum aparecerem imagens de vegetações nos sonhos das pessoas próximas da morte, trazendo sensação de paz, como no caso de uma analisanda que veio a falecer, em quem Von Franz observou que a flor é um símbolo vivo do corpo pós-morte, como abrigo seguro da alma. Na visão junguiana, a estrutura de mandala da flor é uma indicação do *Self*, da totalidade psíquica interior.

A imagem de uma passagem escura e estreita para o nascimento faz parte do conjunto de temas arquetípicos que antecipam o curso da morte. Von Franz relata que só teve a oportunidade de ouvir esse tema do nascimento próximo à morte uma vez, de uma senhora de 74 anos que morreu de metástase de um carcinoma. Ela teve o seguinte sonho, apenas duas semanas antes de falecer: *estava deitada sobre a boca de um tubulão de cimento de mais ou menos um metro de diâmetro, cuja borda superior pressionava seu estômago causando-lhe muita dor. O tubulão estava fincado na terra. Ela sabia que tinha de atravessá-lo de cabeça e sair intacta numa outra terra* (Von Franz, 1995: 78). Ao despertar, sua associação à *outra terra* foi *uma terra de anões e espíritos*, com a qual ela já havia sonhado (Von Franz, 1995: 79).

Parece-me que esse sonho expressa o seguinte: o tubulão se configura como uma passagem para o nascimento, levando a outra forma de existência. A paciente deveria atravessá-lo de cabeça, como um bebê quando nasce. No momento, porém, ela está atravessada sobre ele, porque ainda se encontra presa às preocupações deste mundo e resiste à passagem escura. A terra para onde ela deveria ir, através desse nascimento, é a *terra dos anões e espíritos* – psicologicamente –, o inconsciente coletivo, que de fato sempre esteve e ainda está "abaixo" de nosso mundo da consciência, mesmo se não o percebermos.

Von Franz transcreve, em seguida, experiências relatadas por pacientes que apresentavam imagens lúgubres, alegando terem passado certo tempo numa espécie de região intermediária, por onde sombrios espíritos dos mortos vagueiam a esmo:

> *a parte que parecia ser a cabeça estava caída; tinham uma aparência triste e deprimida; parece que arrastavam os pés. [...] Estavam descoloridos, opacos, cinzentos. A impressão é que ficavam eternamente arrastando os pés e andando de um lado para o outro, sem saber para onde iam, ou a quem deve-*

riam seguir, ou o que procurar. [...] Pareciam... completamente desnorteados, sem saber quem ou o que são. É como se tivessem perdido por completo a noção do que são, de quem são – sem o menor traço de identidade (Von Franz, 1995: 85).

Esse quadro lúgubre da vida após a morte coaduna-se com histórias de todas as partes do mundo nas quais aparecem assombrações, fantasmas e espíritos dos mortos. Von Franz, em sua experiência com sonhos, afirma que o Além, no inconsciente, raramente é representado por belas imagens.

Com a mesma freqüência, os sonhos também apresentam cenas opressivas. O que parece decisivo é o grau de maturidade psicológica da pessoa antes da morte e a questão de ela ter ou não desenvolvido uma relação com o *Self*. Ela observou que os sonhos desses pacientes são diferentes, parecendo mostrar profunda compreensão com o que estava acontecendo nessa fase.

A imagem da jornada, nos sonhos, é também o mais freqüente símbolo de aproximação da morte. Uma senhora de idade avançada, por exemplo, sonhou o seguinte pouco antes de morrer: *arrumei duas malas, uma com minhas roupas de trabalho e outra, própria para longas viagens, com minhas jóias, meus diários e fotografias. A primeira é para o Continente, a segunda, para a América* (Von Franz, 1995: 86).

O tema da viagem aparece de forma elaborada no culto egípcio dos mortos, no qual as almas dos bem-aventurados completam sua jornada na barca do deus-sol. A viagem para o além acompanha o curso do sol e começa com uma descida ao mundo subterrâneo e, depois de se confrontar com várias áreas obstruídas, atinge o leste, onde o morto, juntamente com o deus sol, volta à vida rejuvenescido. Assim, o sol, enquanto alvo da trajetória dos mortos, simboliza a auto-imagem de consciência e o símbolo do processo de individuação.

A aproximação da morte é, muitas vezes, representada nos sonhos pela imagem de um ladrão, isto é, por algum desconhecido que inesperadamente penetra na vida de alguém.

Com maior freqüência, Von Franz observa a morte representada pela figura de um cão ou lobo. O Cérbero dos gregos, o cão dos infernos, que nada mais é do que a terra que devora os mortos. Da mesma forma, a morte personificada ou aquele outro que vem buscar os vivos, às vezes, também aparece nos sonhos como figura explícita. Um analisando, por exemplo, teve o seguinte sonho inicial: *ele caminhava no campo, a atmosfera era lúgubre e o céu estava nublado. De repente, uma fenda se abriu nas nuvens e, sob um raio de sol, um belo jovem nu o encarava. Ele teve, então, uma indescritível sensação de amor e felicidade* (Von Franz, 1995: 94).

Von Franz pensou de imediato em Hermes, o condutor das almas, descendo e guiando as almas para o Além. Como logo se evidenciou, a saúde desse homem fora arruinada durante a guerra e a análise acabou tornando-se uma urgente preparação para a sua morte prematura. Hermes é o intérprete e o senhor dos sonhos, o mediador de qualquer contato com os conteúdos do inconsciente, mas, nas inscrições etruscas, ele é também chamado de *Turmaitas*, "o Hermes de Hades".

Outro tema constatado nos sonhos que precederam a morte de pacientes é o do fogo, e o de uma criança ou ser imortal que nasce do útero do fogo. Pode-se dizer que o fogo, nos sonhos dos pacientes com câncer, simboliza a destruição do corpo pelo câncer quando ele rapidamente prolifera, ou indica que a intensidade psíquica do sonhador tornou-se tão forte que destrói a vida do corpo.

O elemento fluente nas experiências de limiar da morte corresponde ao aspecto água do inconsciente. Os enterros dos hindus, nos quais as cinzas dos mortos são lançadas no Ganges, ou no mar, segundo a tradição de Bali, expressam simbolicamente a idéia de uma dissolução redentora, de um retorno ao oceano primordial. Ao mesmo tempo, esse simbolismo representa o aspecto água do inconsciente, algo em que flutuam "as imagens da criação", mais intensas do que num sonho, só que ainda mais incompreensíveis.

Para Von Franz, ficou claro, com o sonho que teve três semanas após a morte de seu pai, que algo se perde com a morte:

> *era noite e lá fora estava escuro. Ouvi a campainha tocar e nesse momento eu "sabia" que era meu pai. Abri a porta e lá estava ele, segurando uma mala. Ele sorriu e disse: "É claro que eu sei que estou morto, mas será que não posso visitá-la?". Eu disse: "Claro, entre", e perguntei: "Como vai você agora? O que tem feito? Está feliz?". Ele respondeu: "Sim, na sua linguagem, estou feliz. Estou em Viena, estudando na academia de música". Então ele entrou em casa, nós subimos a escada e eu fui levá-lo ao seu antigo quarto. Mas ele disse: "Oh, não, agora sou apenas um hóspede", e foi para o quarto de hóspedes. Depois de pôr a mala num canto, ele disse: "Não é bom nem para os mortos nem para os vivos ficarem juntos muito tempo. Deixe-me agora. Boa noite". E fez um sinal para que eu não o abraçasse e fosse embora. Fui para o meu quarto, pensando que tinha esquecido de desligar o fogão elétrico e que havia perigo de fogo. Nesse momento acordei suando e sentindo muito calor* (Von Franz, 1995: 133).

Além da cessação dos afetos, desejos e emoções, muito daquilo que chamamos "calor humano" também pode desaparecer. É possível, às vezes, observar esse aspecto em pessoas, no processo de morte, que apresentam reações estranhamente "distantes" e "desligadas", como se as relações humanas não importassem mais.

O que parece cessar pela purificação é o ato de querer, de temer e de desejar do ego.

Em todo o material coletado por Von Franz a respeito dos sonhos, a imagem da luz é a que aparece com mais freqüência. A psique parece apresentar-se com intensidade em fenômenos luminosos: figuras de parentes já falecidos aparecem resplandecentes como ouro e transparentes como a bruma; uma porta aberta e a luz, indicando um caminho luminoso, mas, ao entrar por esse caminho, a luz desaparece; e fantasmas surgem ao lado da cama dos moribundos.

Von Franz encerra seu livro levantando a possibilidade de todas as escadas, degraus, etc., que aparecem nos sonhos mencionados, indiquem a possibilidade de uma conexão gradual entre as duas formas de energia: matéria corpórea e psique. Ao mesmo tempo, talvez ocorra no momento da morte uma gradativa liberação das amarras do espaço-tempo; assim sendo, não seria surpreendente o fato de que os fenômenos de sincronicidade se manifestem com maior freqüência nas vizinhanças dos lugares onde a morte ocorre.

Herzog (1983) resgata um amplo material da Etnologia e da Mitologia, para embasar a pesquisa, que teve como objetivo um estudo comparativo e integrativo do comportamento coletivo do homem, por sua reação psicológica, observada em grupos, tribos e povos diante da morte.

Com a interpretação dos sonhos dos pacientes, constrói uma ponte entre as personagens, as cenas e os dramas que surgem da psique, com as imagens simbólicas e ritos do passado ancestral. Observa, também, a constância, nesses sonhos, do esforço de chegar a um acordo com a morte. Fala de um caminho interno percorrido pelo paciente e expressado nos sonhos, e que se inicia pelo horror absoluto, sem nome ou forma, e conduz ao encontro de imagens interiores, que retratam a morte. Surgem, então, os monstros demoníacos, os lobos, os cachorros enormes, os cavalos, as cobras, os pássaros gigantescos, sempre investidos de muito poder, na forma simbólica com que se apresentam.

A realidade da morte encontra-se no início da consciência da vida, e mitos muito antigos falam de um estado original do mundo no qual a morte não existia. Com os povos primitivos, caçadores, pode-se delinear o início da história da morte, do matador e do matar, pois eles ficavam ansiosos quando matavam e os povos agricultores acreditavam que matar era o maior prazer para os deuses, portanto, um dos feitos de grande orgulho para todos.

O matador recebia todos os tipos de honrarias, que tinham importância e significado para a futura jornada do morto, que teria de ser apresentado ao deus do submundo. Ele executava o ato aproximando-se da morte de forma consciente, para atingir a esfera transcendental e, assim, afirmar-se, poder viver, proteger a si mesmo e a sua vida contra o perigo da morte. Nesse momento, apresentava duas atitudes opostas e extremas: por um lado, era dominado pela morte, e, por outro lado, numa atitude de auto-afirmação, confirmava a vida.

Na história bíblica a respeito do Jardim do Éden, é dito que a morte existe no mundo desde o momento em que o homem comeu o fruto da árvore do conhecimento. Portanto, o "nascimento" passou a existir no mesmo momento.

Herzog reflete a respeito do estranho fato de o primeiro evento relatado, após a expulsão do homem do paraíso para sempre, ter sido o assassinato de Abel por seu irmão Caim. Esta história parece ter sido a notícia mais antiga de um motivo mitológico difundido entre vários povos de que a morte origina-se de um assassinato entre os primeiros povos.

Em seguida, Herzog relata as imagens da morte dos sonhos dos pacientes, as quais não são fixas; mudam e se transformam em coisas vivas, com diferentes formas. A primeira imagem da morte é a de mandíbulas vorazes de um lobo ou de cães devoradores de cadáveres. Uma vez formadas as imagens, o caráter sinistro do Demônio-Morte se destaca, expressado pela cobra, forma que se move e que aparece repentina e inesperadamente e desaparece da mesma forma. A imagem da cobra foi adicionada à do lobo, tornando o horror do homem mais intenso ainda ao se defrontar com a morte, pois a cobra é associada, nas profundezas da psique, à imagem do pássaro, ambos vistos como transportadores da morte.

No processo de renovação das imagens da morte, a psique só pode libertar-se do caráter aterrador da cobra, presa ao chão, pelo contraste do pássaro, livre para voar, que espiritualiza a morte. A imagem do oposto da cobra faz a psique caminhar para a expansão da consciência.

O surgimento do Demônio-Morte, apresentado na forma humana, indica a ocorrência de um desenvolvimento básico da psique. O caráter metafísico da morte foi sentido inicialmente pela imagem das mandíbulas do lobo; depois, por um misterioso "outro" escondido nas imagens da cobra, do pássaro e do cavalo. Na imagem humana, ele é encoberto pela escuridão, como um segredo espiritual. É quando o Demônio-Morte começa a se tornar o Deus da morte.

Herzog observa que a morte não é só escuridão, declínio e fim, mas também luz, ascensão, realização e bênção de vida. E interpreta outros símbolos da morte surgidos nos sonhos dos pacientes, como a Morte-Demônio como destino, a Morte-mãe e o casamento com a morte.

O autor conclui que os sonhos do encontro com a morte e as imagens míticas expressam fases específicas do desenvolvimento psíquico.

Reflexões

Parece-me possível traçar um paralelo entre as pesquisas antropológicas de Edgar Morin (1997) e as pesquisas à luz da psicologia junguiana de Jaffé, Rohn, Von Franz (1995) e de outro trabalho de Von Franz (1995), bem como o trabalho sobre a psique e a morte, de Herzog (1983).

Morin (1997) indica que, com as pesquisas realizadas em vestígios arqueológicos encontrados dos primitivos habitantes, já se poderia apontar para o horror da morte e para a complexa relação entre o indivíduo, a sociedade e a morte. E essas pesquisas resgatam as crenças e a recusa da morte, nas grandes civilizações antigas, bem como os mitos de sobrevivência, a ressurreição e a imortalidade, chegando à crise contemporânea da morte. O autor conclui que existem três elementos em toda a história posterior aos primórdios: a afirmação da individualidade, a consciência e a aspiração à imortalidade, que permanecem absolutamente associados à consciência arcaica. Essa consciência arcaica, portanto, está universalmente presente nas profundezas psíquicas e religiosas da humanidade contemporânea.

Paralelamente, Jaffé, Rohn e Von Franz (1995), em suas pesquisas, relacionam os conteúdos psíquicos dos sonhos que antecedem a morte de seus pacientes com rituais de cura de diversos cultos arcaicos. Esclarecem a presença dos mitos, das lendas, do horror à morte, do juízo final, da visão do demônio que vem buscar a alma do pecador não arrependido, assim como a noção de céu como recompensa e de inferno como castigo, e a morte como reencontro com os mortos queridos, por meio dos sonhos de seus pacientes. A morte é uma situação arquetípica por excelência e as imagens precursoras da morte são como uma viagem, uma passagem sinistra, assim como a conclusão da vida e o renascer do homem.

Von Franz (1995) pontua também o aspecto positivo, claro, luminoso, da morte, observado e interpretado nos sonhos de seus pacientes.

Por sua vez, Herzog (1983), em sua pesquisa, traça a trajetória da história da morte na psique humana, desde os estágios do homem primitivo, rastreando seu desenvolvimento, até chegar ao homem contemporâneo.

O estudo teórico a respeito do psiquismo diante da morte, desses autores, fundamentou minha pesquisa e possibilitou o desenvolvimento deste livro, pois deram-me segurança quanto ao trabalho terapêutico que desenvolvo. Eles comprovaram a constância dos símbolos oníricos entre os pacientes – deles e meus –, e o material simbólico, relacionado à morte, apresentado pela psique, forma uma teia de relações de símbolos sobre a morte, encontrados desde o ancestral, de acordo com as pesquisas antropológicas de Morin (1997) até os sonhos à luz da psicologia junguiana do homem contemporâneo do século XXI. Desta forma, além de fornecerem uma base teórica mais sólida, indicaram-me estar no caminho certo em minha prática.

3 Uma Questão Psiquiátrica

Kübler-Ross foi a primeira psiquiatra a investigar a morte e o morrer na América do Norte. Com seu trabalho com pacientes terminais, mudou a maneira de pensar de muitas pessoas, pois desenvolveu e ensinou uma forma pioneira de aconselhamento terapêutico, a partir das observações de sua própria prática.

Em sua obra, Kübler-Ross (1998) relata como ela e sua equipe preparavam-se, de forma a não levar idéias preconcebidas quanto ao comportamento dos pacientes. Não liam artigos, publicações ou teorias para essa abordagem, para permanecerem com a mente sempre aberta, mantendo o foco da atenção apenas para o que captassem em si e nos pacientes. Para tanto, a médica pedia aos pacientes em fase terminal que fossem seus professores, pois ela havia chegado à conclusão de que a melhor forma de se estudar a morte e o morrer era por intermédio dos próprios pacientes.

Kübler-Ross não se refere a uma abordagem teórica como embasamento de seu trabalho, mas o que fica claro é o cabedal de conhecimentos usado, os conceitos constituídos a partir das experiências vividas e partilhadas pelos pacientes, sendo tudo fundamentado por uma prática exercida com profunda compaixão e amor incondicional ao paciente.

A autora (1998) confrontou a cultura da época, determinada e habituada a varrer a morte para debaixo do tapete e ali escondê-la. Desafiou o senso comum ao expor, aos profissionais da saúde e aos pacientes, essa etapa final da existência, para que as pessoas não tivessem mais medo dela.

A partir das experiências, agonias, expectativas e frustrações relatadas pelos pacientes, Kübler-Ross desenvolveu um projeto de seminários interdisciplinares, em 1965, a respeito da morte e do morrer no Hospital Billings, da Universidade de Chicago, que começavam com uma entrevista, no anfiteatro, com pacientes em fase terminal, na presença dos estudantes, para lhes servir de modelo de ensino e aprendizado. Em seguida, a platéia discutia não só o que havia observado no paciente, como também o que a presença e a fala do doente haviam causado a cada um. Após dois anos de apresentação e sistematização, os seminários passaram à categoria de curso na Faculdade de Medicina.

Apesar do sucesso desse projeto de seminários, houve grande restrição quanto a sua aceitação por parte dos médicos do hospital, até mesmo com demonstrações públicas de hostilidade, sob a alegação de "proteger" seus pacientes, ao impedi-los de participar, por estarem fracos demais, ou, então, outros médicos demonstravam seu descrédito diante do projeto e outros, ainda, se recusavam sumariamente a participar de tal trabalho e não permitiam que seus pacientes fossem entrevistados. Era justamente esse grupo de médicos que se abstinha de tocar no assunto morte e morrer.

Essa resistência a seu trabalho serviu-lhe de aprendizado, pois Kübler-Ross pôde observar que, na medida em que o grupo compreendia as razões de sua defesa e aprendia a vencer os conflitos, analisando-os, aumentava sua contribuição tanto para o bem-estar do paciente como para seu amadurecimento pessoal.

Com a experiência adquirida junto ao paciente, foram formulados alguns quesitos seguidos pela equipe: dedicar-se ao paciente terminal sem fazer nenhuma anamnese, mas como parte de um relacionamento a dois, deixando-o ser ele mesmo, livremente; considerar o doente à beira da morte como uma pessoa, respeitando seus valores, temores e suas angústias; falar a respeito de si e encontrar algo em comum com o paciente, permitindo sempre sua livre expressão; estar atento ao tipo de promessas que pudessem ser feitas ao paciente ou a si mesmo, tais como "vou salvar a vida deste doente", "vou fazê-lo feliz numa situação ainda que passageira".

A equipe só podia considerar-se preparada para as entrevistas com o doente terminal quando tivesse aprendido a entender seus próprios sentimentos de frustração, raiva, angústia e desapontamento, porque se os tivesse bem trabalhados dentro de si, seria possível estar em contato constante com esses sentimentos.

Kübler-Ross (1998) estudou, com sua equipe, 20 mil casos de pacientes, de vários países, diagnosticados clinicamente mortos por 10 a 40 minutos e que voltaram à vida. Alguns despertavam naturalmente, outros, só depois de uma reanimação. Ao voltarem à plena consciência, relatavam diferentes experiências: um, depois do desastre que quase provocou sua morte, relembrava detalhes, como o número da chapa do carro que o atropelara; outro ouviu o médico dizer, na sala de operações, que ele havia morrido e descrevia minuciosamente as pessoas e objetos da sala; outros haviam se encontrado com pessoas falecidas, que os receberam radiantes de felicidade; e um grande número de pacientes mutilados viram seus corpos perfeitos e saudáveis.

O ponto em comum a todos esses pacientes foi o sentimento de plenitude, beleza e alegria que sentiram e o forte desejo de permanecerem na experiência vivida.

A partir desses relatos, Kübler-Ross decidiu pesquisar dois pontos específicos a respeito do processo da morte: a morte como um passo a mais até a forma de vida em outra freqüência e o momento da morte como uma experiência única, bela e libertadora, vivida sem temor e sem angústia. Em seu estudo (1998), comparou a morte física do homem ao abandono do casulo de seda pela borboleta: o casulo seria o corpo humano, que também é transitório e se deteriora irreversivelmente, e a liberação da borboleta foi comparada com a libertação da alma do corpo sem vida. Desse modo, o processo de morrer compreende duas etapas: na primeira, o revestimento do corpo humano é composto de energia física e precisa de um cérebro funcionando para existir a consciência desperta e haver comunicação com os outros. Assim, no momento em que o cérebro apresentar danos irreversíveis, a consciência se apagará. Quando não houver mais a função da respiração, as pulsações cardíacas e as ondas cerebrais não puderem mais ser medidas, a alma já estará fora do corpo, o que não significa que seja a morte, mas é o corpo que deixou de cumprir suas funções. Ao liberar-se do casulo de seda, a alma chegará à segunda etapa – a da energia psíquica –, na qual a alma se encontra sem o corpo e a energia psíquica propiciará a capacidade de uma nova percepção. Quando Kübler-Ross (1998) levantou essa hipótese a respeito do processo da morte, foi muito criticada. Divergiu e rebateu as outras hipóteses levantadas por seus colegas médicos a respeito desses fenômenos surgidos na hora da morte.

Uma das mais importantes pesquisas que a autora realizou foi desenvolvida com 200 pacientes que haviam recebido o diagnóstico de fase terminal de sua doença. Observou que esses pacientes passaram por cinco estágios durante o período da terminalidade: a primeira reação, comum a todos os pacientes, logo após o diagnóstico, foi de "negação", e reagiam à notícia com frases do tipo "não, eu não, não pode ser verdade". Esse estado de choque era temporário. A segunda reação, a "raiva", substituía a negação, quando a verdade era realmente constatada. O paciente então inquiria: "por que eu?". Eram sentimentos de revolta, raiva, inveja (dos que estavam saudáveis) e de ressentimento.

Na fase seguinte, o paciente tentava entrar em algum tipo de acordo que adiasse o desfecho inevitável. Barganhava com Deus, a quem fazia promessas, ou então com a equipe médica. Almejava um prolongamento da vida e esperava ser recompensado por bom comportamento, da mesma forma que uma criança costuma agir ao barganhar.

Quando o doente não podia mais negar sua doença e começava a apresentar novos sintomas, que o deixavam mais debilitado, os outros sentimentos cediam lugar à "depressão", preparatória para a grande perda de todos os objetos amados. Essa depressão silenciosa devia ser respeitada, nada se fazia para o paciente sair dela.

Os pacientes que tiveram ajuda para superar esses estágios puderam atingir a "aceitação", e contemplaram seu fim próximo com certo grau de tranqüila expectativa.

As principais conclusões desse trabalho foram apresentadas no resumo dos fatores que indicavam a adaptação emocional do paciente frente a sua limitada expectativa de vida. A análise das entrevistas de áudio e vídeo-teipes indicou como fatores de importância, no equilíbrio emocional, a habilidade em lidar com situações difíceis do passado; a sensação de ter vivido uma vida significativa e satisfatória; uma relação calorosa e fortalecida com um cônjuge; a esperança de uma vida feliz após a morte; a capacidade de falar francamente a respeito do significado e das conseqüências da doença; a explicação dada pelo médico com combinada sinceridade e garantia de apoio; um sentimento de preocupação pelos filhos e amigos próximos; as ansiedades expressas mais freqüentemente a respeito do processo de morrer; a possibilidade de poder falar a respeito da preocupação com a dor que teriam no futuro, como poderiam agüentá-la e o grau de dependência em que se encontrariam e que espécie de carga viriam a ser para os outros.

Em síntese, Kübler-Ross sempre defendeu o conceito de que o estágio de morrer pode ser experimentado como o acontecimento mais profundamente evolutivo da experiência total da vida. E é esse o ponto mais importante para o profissional que trabalha com doentes em estágio terminal da vida, pois, se tiver esse conceito bem claro dentro de si, poderá levar seu paciente a um equilíbrio interno, que irá proporcionar-lhe uma morte tranqüila.

A importância do trabalho de Kübler-Ross pode ser avaliada, em parte, pela grande repercussão junto aos profissionais que lidam com pacientes terminais.

Os *Hospices*, como veremos a seguir, têm também essa linha de atuação.

Sir Michael Sobell House

CAPÍTULO II

A PRÁTICA TERAPÊUTICA DO CÂNCER TERMINAL

Neste capítulo, será abordada a observação da prática da Medicina Paliativa desenvolvida nos países que visitei. O procedimento dessa pesquisa constou, na primeira fase, da observação das Unidades de Cuidados Paliativos e dos *Hospices*. Na segunda fase, houve a coleta de dados a partir da observação de pacientes.

1 Medicina Paliativa

Para situar o significado do trabalho de cuidados paliativos, duas definições devem ser apresentadas: a primeira, quanto ao significado do termo paliativo, que, segundo Houaiss (2000: 2.110), vem do latim *palliatu*, e significa *coberto com capote, que serve para paliar, acalmar, atenuar ou aliviar momentaneamente um mal, procrastinar uma crise*. A segunda remete à definição de Medicina Paliativa, da Organização Mundial da Saúde (OMS):

> Cuidados paliativos são estratégias de atendimento ao paciente que não responde mais a tratamento curativo. O contro-

le da dor e outros sintomas, como também os problemas psicológicos, sociais e espirituais apresentados nessa fase assumem maior relevância. O objetivo dos cuidados paliativos é oferecer ao paciente e a sua família a melhor qualidade de vida no tempo que precede a morte. Os cuidados paliativos consideram a vida e a morte digna como um processo normal. Enfatizam a assistência à dor e a outros sintomas aflitivos, integrando os aspectos físicos, psicológicos e espirituais do paciente. Oferecem um sistema de suporte ao paciente, que lhe permite viver tão ativo quanto possível até a sua morte, e um sistema de suporte à família durante a doença do mesmo e após sua morte, no período de luto *(1946: 100)*.

Os cuidados paliativos destinam-se aos pacientes designados *terminais*, isto é, com prognóstico de sobrevida inferior a seis meses, de acordo com o Ministerio de Sanidad y Consumo (1993).

No Brasil, temos oncologistas que preferem não fazer mais diagnóstico de *paciente terminal*, pelo fato de alguns pacientes com esse prognóstico terem ultrapassado o limite de vida esperado. O oncologista atribui esse resultado às atuais drogas usadas na quimioterapia, mas essa afirmação é incompleta, pois o resultado da quimioterapia não é observado conjuntamente ao fenômeno *psique-corpo-doença-símbolo* e sua sincronicidade, que faz parte do paciente.

Atualmente, a Medicina Paliativa é indicada como obrigatória e parte integrante do currículo nos cursos de Medicina nos EUA e Europa. A tendência mundial é que ela possivelmente seja incluída nos programas de treinamento de médicos nos hospitais (Congresso de Cuidados Paliativos, Barcelona, Espanha, 1995).

Em dezembro de 1987, a Medicina Paliativa foi reconhecida como especialidade em Medicina pela UK Joint Commitee on

Higher Medical Training (entidade privada, controlada pelo governo norte-americano), constituindo-se de dois anos de especialização em uma ou mais unidades de cuidados paliativos.

A especialidade e o treinamento nessa área deverão ter um programa similar ao seguido pelo United Kingdom and the Republic of Ireland by the Royal College of Physicians for Palliative Medicine (E.A.P.C. – European Association for Palliative Care Report and Recommendations. Bruxelas, Bélgica – 20 e 21 de setembro de 1993), para serem reconhecidos por esse órgão.

As pesquisas a respeito dos cuidados paliativos não têm se desenvolvido e amadurecido na mesma proporção da especialização na área. Talvez os motivos para essa falha indiquem que a pesquisa rigorosamente científica é incompatível com a experiência emotiva da morte, que apresenta, como impedimento sempre presente, a gravidade e a vulnerabilidade do quadro do paciente. Alega-se também que não existe muito mais para ser pesquisado a respeito da fase da terminalidade do paciente portador de câncer, pois a dor e o controle dos sintomas são muito bem conhecidos, trabalhados e controlados, mas acredito na extrema necessidade dessas pesquisas, levando-se em conta que o objetivo dos cuidados paliativos é pesquisar constantemente a terminalidade do paciente com câncer.

2 *Hospices*: A Última Morada

> Não se pode dar mais dias à vida, porém, pode-se dar mais vida ao dia *(Palliativstation ak Barmbek – Alemanha, 1998)*

Com o objetivo de conhecer o trabalho de cuidados paliativos mais profundamente, e desejando recolher mais subsídios que me permitissem ampliar meu objeto de estudo, pude conhecer e observar *Hospices* na Espanha, Inglaterra, Estados Unidos e Alemanha no desenvolvimento de sua práxis.

Gostaria de pontuar que essas pesquisas são muito difíceis de serem feitas, porque os *Hospices* investigam o pesquisador e a permissão só é concedida para Universidades ou Instituições representadas por pesquisadores que sejam teóricos e desenvolvam na prática clínica o atendimento ao terminal. Pelo caráter diferenciado de atendimento na terminalidade, e por encontrar-se fora do Brasil, seria procedente apresentar um breve histórico desse tipo de instituição.

Em 1960, na Inglaterra, a Dra. Cicely Saunders despontou como uma luz de esperança para os pacientes terminais com câncer. A partir de sua experiência prática como médica oncologista, enfermeira, assistente social e ministra religiosa, ela declarou à comunidade científica, em Londres, que seria possível reduzir em 90% o sofrimento desses pacientes, pois *o sofrimento só é intolerável ao paciente que está morrendo, quando não lhe dispensamos cuidados adequados nessa fase* (Saunders, 1994: 20).

Sua proposta baseia-se em dois itens: novo enfoque da prática médica para esses pacientes e diferente estilo de atendimento, que envolveria uma filosofia própria de trabalho na terminalidade. Nesse tipo de atendimento (Saunders e Baum, 1992), é preciso estar afetivamente próximo dos pacientes e aprender com isso. Assim, os seres humanos serão capazes de morrer com dignidade e paz, pois, como o paciente terminal é aquele que não tem mais possibilidade terapêutica de cura, o enfoque principal será o alívio e o controle de sintomas, em busca de qualidade de vida, o que compreende uma parte subjetiva pertencente à avaliação do próprio paciente, e uma parte objetiva que envolve as áreas física, funcional, emocional, social, familiar e religiosa.

A equipe para esse tipo de atendimento, composta por médico, enfermeira, assistente social, terapeuta ocupacional, ministro religioso (de todas as religiões), psiquiatra ou psicólogo e voluntários, começou na Inglaterra, em duas modalidades: nos hospitais gerais ou oncológicos, em uma ala acoplada, chamada de Unidade de Atendimento Paliativo, e nos *Hospices* – as antigas hospedarias para viajantes que ali paravam para descansar e que passaram a receber as pessoas doentes.

Esses *Hospices* são "casas" estruturadas e montadas para receberem 10 a 20 pacientes em estado terminal, que serão atendidos até o término de suas vidas. A seguir, passo a descrever aqueles que visitei.

- San Creu de Vic, na província de Vic, Espanha, em 11/1995

Foi o primeiro *Hospice* visitado e o pioneiro do país (de 1987), na região da Catalunha, em uma pequena província a uma hora e meia de Barcelona, com 1.500 habitantes, que atende a população residente num raio de 40 a 60 km da região. Sua construção assemelha-se a uma casa familiar, igual às outras da região. Dispõe de 20 leitos e de uma equipe multidisciplinar com três médicos, quatro enfermeiras, dez auxiliares de enfermagem, uma assistente social, um padre católico (contratado), um terapeuta ocupacional, uma secretária que recebe os doentes, um psicólogo e voluntários (sem quantidade definida). Seus objetivos são:

– planejamento e realização de atividades docentes;

– promoção e suporte de pesquisas;

– documentação e informação;

– tarefas de implementação e arrecadação de recursos para cuidados paliativos, por meio de suporte, assessoria técnica e auditoria;

– troca de experiências para o desenvolvimento dos cuidados paliativos em diferentes níveis.

Nessa província, 85% da população com câncer da região são atendidos em diferentes modalidades: *Day Care* (hospital-dia), *Home Care* (atendimento em casa) e *In-patient* (paciente internado). O atendimento ao paciente possui equipe multidisciplinar composta por médico, enfermeiras, assistente social, psicólogo, religioso e voluntários.

A dinâmica da rotina do atendimento é iniciada pela manhã, com uma reunião da equipe, que é comunicada a respeito do estado dos pacientes por cada membro do grupo, cada qual em sua área de especialização. Encerra-se a reunião com a distribuição das tarefas, para dar continuidade aos atendimentos, sob a coordenação do médico. Após o almoço, no refeitório do *Hospice*, o mesmo grupo profissional se reúne para relatar o andamento de cada paciente e discutir a conduta a desenvolver no período da tarde.

Na visita monitorada pelo psicólogo do *Hospice*, pudemos observar o ambiente físico de dois andares: paredes de cor amarelo-clara, chão de ladrilho em cores vivas, plantas e passarinhos (trazidos pelos pacientes), portas dos quartos abertas para o corredor, acompanhantes circulando entre os quartos e os funcionários trabalhando e conversando descontraidamente. Mais parecia uma grande casa de família em sua rotina cotidiana.

O psicólogo entrava nos quartos cumprimentando o paciente e lhe perguntava como se sentia, apresentava-nos e escutava atentamente suas queixas. Respondia com palavras de conforto, despedia-se e continuava o atendimento.

Na visita a um dos pacientes, um homem de aproximadamente 60 anos, acompanhado da esposa, fugi do esquema proposto e, após algumas perguntas formuladas por mim, ele interrogou-me a respeito do Brasil, de meu trabalho, de meus pacientes, estabelecendo um *rapport* terapêutico instantâneo. Alheio aos outros da sala, passou a falar de seus sentimentos, de sua doença, das terríveis dores, de seu sofrimento, de sua morte, que sabia ser iminente, do medo que sentia, da injustiça da vida, pois havia trabalhado arduamente desde menino, com inúmeros sacrifícios e, quando iria começar a usufruir um pouco da vida com a esposa, estava condenado a morrer. Começou a chorar aos soluços, tentando dominar as lágrimas, sem conseguir. Nesse momento, o psicólogo encerrou o processo bruscamente, o paciente reprimiu o choro e a visita terminou, assim como foi cortada minha possibilidade de fechar o diálogo estabelecido pelo paciente. Fiquei preocupada com o sofrimento que o paciente precisou controlar e com a reação do psicólogo que, pego de surpresa com o que aconteceu, ficou imobilizado e atônito com a explosão de angústia e de desespero do doente diante da morte.

Após a visita aos pacientes, perguntei ao psicólogo a respeito de sua base teórica, que soube ser cognitivista e psicanalista por formação. No dia seguinte, participei de um *workshop* coordenado por esse mesmo psicólogo, a respeito de "Técnicas Terapêuticas para Pacientes Terminais", que abordou as técnicas de organização do pensamento, sem alusão alguma ao inconsciente, às fantasias ou ao funcionamento da dinâmica psíquica do paciente terminal.

Nessa primeira observação em um *Hospice*, constatei a eficácia de uma equipe multidisciplinar, a importância da qualidade de vida do paciente em sua terminalidade, e pude verificar também a existência de uma repressão, e até de certo descaso, à manifestação mais profunda da psique. Posteriormente a essa visita, refleti a respeito da afirmação de Lopez (1994), do Hospital de Madrid (Unidade de Cuidados Paliativos): *a ansiedade diante da morte é o que o paciente mais reprime e nunca a expressa diretamente*. Concluí que o paciente se comporta dessa forma porque nunca lhe é permitida a expressão da ansiedade e não existe o consentimento para que isso aconteça.

Parti da Espanha com grandes interrogações e inquietações quanto às razões do limite imposto às manifestações do inconsciente, justamente no momento em que poderia haver o resgate de questões cruciais à psique, proporcionando muito mais qualidade de vida, mesmo na proximidade da morte.

O país seguinte foi a Inglaterra.

- St. Christopher's Hospice – Londres, Inglaterra, em 5/1996

É o segundo mais antigo da Inglaterra, fundado em 1967. Possui uma construção de três andares, cercada por um grande jardim. Tem 62 camas e atende 80 pacientes externos. É mantido com doações provindas do NHS (National Health Service) funds (30%), contribuições mensais da comunidade e doações (70%). A fundadora e primeira diretora foi a Dra. Saunders.

As primeiras turmas da nova área de Medicina estagiaram nesse *Hospice* e é onde a formação da equipe de saúde continua sendo realizada. O Dr. Collin Parkes, psiquiatra e um dos fundadores, permanece em tempo integral e sua equipe é constituída de médicos, enfermeiros, terapeuta ocupacional, fisioterapeuta, assistente social, religiosos e voluntários.

Observei que a organização e o atendimento terapêutico eram impecáveis. Os pacientes participavam de reuniões de confraternização todos os dias, indo com as próprias pernas, de cadeira de rodas ou transportados em suas camas. Os que podiam locomover-se iam visitar os outros nos quartos e eles recebiam diariamente a família e os amigos. Durante o dia, mesmo os extremamente debilitados, participavam de atividades organizadas pelo terapeuta ocupacional, cada qual adequada ao estado do paciente. Com esse programa possível e desejado pelos pacientes, suas dores são mantidas sob controle e os efeitos colaterais dos medicamentos são bem administrados.

Gostaria de ressaltar a ênfase que a equipe de saúde dos *Hospices* dá ao sintoma dor, pois, de acordo com minha observação ao longo da prática, a dor é o fator mais temido pelo paciente com câncer. Em todos os *Hospices* e unidades de cuidados paliativos visitados, pude verificar a serenidade dos pacientes, tanto em seus leitos como durante reuniões entre eles, em momentos de entretenimento ou durante atividades ocupacionais, sem nenhuma indicação de dor, em nenhum momento. É preciso assinalar que, na Inglaterra, o uso dos opiáceos encontra-se absolutamente estabelecido.

De acordo com Twycross (1991), a dor é uma experiência somato-psíquica e assim vista nesse atendimento. Não se trata de uma simples sensação, mas de uma configuração mais complexa, que reflete a maior área de interação entre corpo e mente. Sua intensidade pode ser alterada pelo humor, moral e significado que tem para cada indivíduo. O controle total da dor é visto nos *Hospices* como um conjunto de fatores físicos e emocionais que influenciam a sensibilidade.

Como os outros *Hospices* visitados apresentavam uma estrutura básica semelhante, vou descrever apenas os procedimentos diferentes de cada um deles, para não tornar o relato repetitivo.

• Sir Michael Sobell House – Oxford-Churchill Hospital, Inglaterra, em 6/1996

Nesse segundo *Hospice* visitado na Inglaterra, fomos recebidos pelo Dr. Twycross, da Universidade de Oxford e uma das maiores autoridades em dor do mundo.

Considerado um centro de referência em dor pelo World Health Organization, o Collaborating Centre for Cancer Care Palliative encontra-se no mesmo parque do Churchill Hospital, em Oxford.

Participei de toda a rotina, e o Dr. Twycross, em longa sessão, explicou o que deveria ser observado antes de iniciar a visita supervisionada. A cada etapa dessa consistente observação, discutia-se a conduta de trabalho de cada membro da equipe multidisciplinar e ele também fez perguntas quanto ao enfoque de trabalho com pacientes terminais no Brasil. Após a observação de cada setor, o Dr. Twycross encerrava o encontro, pontuando e fornecendo mais subsídios.

Percebi uma sensível diferença no ambiente da casa. A equipe de saúde, os médicos e as enfermeiras vestiam-se com roupas normais, coloridas, e todos mantinham uma comunicação alegre e discreta. Os pacientes circulavam pelos jardins, compareciam ao chá das cinco, com música ao vivo, em seus melhores trajes, inclusive gravata para os homens, e comportavam-se com a dignidade de quem está vivo e ainda pode extrair da vida os prazeres possíveis, mesmo aguardando a morte iminente. Havia também casais idosos que conversavam bem juntinhos, mergulhados em um olhar profundo e afetivo.

Este *Hospice*, assim como os outros visitados, recebe pacientes a partir dos 15 anos de idade. As crianças terminais são atendidas em outros *Hospices*, em regime de *Day Care* e *Home Care*.

Uma das atividades coordenadas que me chamou a atenção foi o trabalho terapêutico desenvolvido por cães treinados por um instituto de treinamento de cães acompanhantes de pacientes internados. Esse sistema (Pet as Therapy) iniciou-se em 1985 e visa prover de conforto, alegria e prazer os pacientes. A equipe médica comparou o quadro físico dos pacientes antes e após as visitas do cão treinado e constatou que a pressão sangüínea aumentava, diminuía o nível de estresse, com um sensível alívio e uma positiva estabilidade para os sintomas da doença (*Hospice Bulletin*, dezembro/1998).

Existem 8.000 cães adestrados e registrados no P.A.T. Dogs na Inglaterra e eles chegam a detectar uma mudança na voz do paciente que está mais triste ou deprimido e "agem" com carinho e brincadeiras, até obterem um *feedback* do cão. O animal treinado começa sua ronda às 6h15min, "acordando" os pacientes em cada quarto e "conduzindo-os" ao jardim.

Outro trabalho terapêutico desenvolvido com os pacientes é a pintura, com o projeto *Coulour of Feelings*, monitorado por artistas profissionais, como Michele Angel Petrone, que realiza seu trabalho de colaboração em uma Oficina de Trabalhos Livres (*Free*

Workshops) de duas semanas, obtendo dos pacientes a média de 100 pinturas em cada *Workshop*, além de máscaras e esculturas em pedra, que permanecem nos jardins do *Hospice*. As pinturas são apresentadas em exposições chamadas *An Emotional Cancer Journey*, mantidas pela *Health Autority*, e algumas pinturas ficam nos corredores do *Hospice*.

O Sobell House atende 20 *in-patients*, com 34 enfermeiras e um psiquiatra que dá plantão uma vez por semana, durante meio período. Há também 200 voluntários treinados pelas enfermeiras, os quais trabalham com os doentes internados que passam só o dia. Atendem em casa e executam diversos serviços, treinados pela Cruz Vermelha, como massagem, manicure, cabeleireiro, *beauty therapy* e outros.

As reuniões da equipe, na hora do almoço, são mais didáticas e científicas. Reúnem-se na sala de estudos e cada profissional traz as fichas de seus pacientes, descreve o quadro com detalhes, discute e ouve sugestões dos outros membros do grupo. No final, o Dr. Twycross dá uma explicação-aula para cada dúvida ou problema surgido, com o uso de uma lousa.

Pudemos constatar a consciência de responsabilidade da comunidade para com os *Hospices*. Trabalham voluntariamente e se responsabilizam pela manutenção, promovendo e arrecadando o dinheiro necessário, como dever cívico do cidadão. Dessa forma, o foco do trabalho é o paciente e a família, isto é, a pessoa antes do processo patológico (Twycross, 1991).

Esse mesmo processo de atendimento da equipe multidisciplinar é dado aos pacientes do *Day Care* e do *Home Care*.

O trabalho desenvolvido nesse *Hospice*, centro de referência, é fundamentado por pesquisas quanto a todas as estratégias realizadas junto ao paciente. Dentre elas, gostaria de citar algumas das mais relevantes:

- *Introducting palliative care* (Twycross, 1990).
- *Grief and Bereavement* (Relf, Couldrik, Barrie, 1991).
- *Sympton management in advanced cancer* (Churchill Hospital, 1991).
- *Cancer and emotion* (Barradough, 1992).
- *Therapeutics in terminal care* (pesquisa desenvolvida no Churchill Livingstone, 1992).
- "Pet as therapy" (*Hospice Bulletin*, 1998).

- Centro de Pesquisas de South Hampton – Inglaterra, em 6/1996

Esse Centro de Pesquisas faz parte da Universidade de South Hampton, a uma hora e meia de Londres e dedica-se exclusivamente a pesquisas referentes ao paciente oncológico terminal, às Unidades de Cuidados Paliativos ligadas aos Hospitais e aos *Hospices*. É considerado um dos melhores e o mais bem equipado na área que abrange os Cuidados Paliativos. A diretora, doutora Sheila Payne, monitorou a visita minuciosa a todos os departamentos, fornecendo explicações e material didático referente à pesquisa.

A observação foi feita durante o expediente, nos diferentes departamentos, e um pesquisador relatava a pesquisa em andamento realizada pela equipe. Os objetos de pesquisa referiam-se somente aos pertinentes ao paciente com câncer, em sua fase terminal, ou seja: depressão, angústia, ansiedade, dor, medo, sentimentos diante da morte, eficácia ou falhas do atendimento paliativo.

Após a observação do Centro de Pesquisa de South Hampton, a Dra. Payne apresentou técnicas de saúde de várias partes do mundo, que ali estagiavam, e ficou à disposição para responder a todas as perguntas e dúvidas que surgissem após a visita.

• Memorial Sloan-Kettering Cancer Center – Nova York, EUA, em 9/1997

O hospital norte-americano opera de forma diferente dos *Hospices* ingleses. Possui uma unidade de Cuidados Paliativos em setor isolado, mas que faz parte do mesmo bloco do complexo hospitalar. A observação monitorada durou vários dias e compreendeu, além da visita e da observação, entrevistas dos médicos, assistentes sociais, enfermeiras, psiquiatras, músico-terapeuta e pesquisadores. Conhecemos todo o material utilizado por eles, participamos de reuniões de equipe e acompanhamento do Dr. David Payne, psicólogo-chefe do atendimento aos pacientes em seus quartos, e do Prof. Dr. Breithbart, chefe do setor de Psiquiatria e Neurologia.

No atendimento aos pacientes, pude observar, na equipe de saúde, a mesma forma de conduta afetiva, próxima do paciente, prática e eficaz, encontrada nas outras Unidades de Cuidados Paliativos visitadas.

O terapeuta entra no quarto, cumprimenta o paciente pelo nome, senta-se à beira da cama, segura suas mãos, ouve atentamente suas queixas, e responde às indagações. Permanece o tempo necessário e só encerra o atendimento quando observa que ele está tranqüilo.

Ainda no *Memorial Cancer Center*, no departamento do serviço de atendimento à dor, conheci a Dra. Kathleen Foley, chefe desse serviço, que forneceu esclarecimentos a respeito da terapia desenvolvida para o controle da dor, no setor de cuidados paliativos, que usam opiáceos e derivados necessários, assim como massagem e relaxamento. Conheci também a Dra. Jimmie Holland, a presidente do *Memorial*, do setor de Oncologia, e assisti a sua palestra a respeito do câncer e Cuidados Paliativos, além da prática do Hospital. Com essa palestra, pude ter acesso a subsídios esclarecedores da área médica para meu trabalho.

• Beth Israel – Nova York, EUA, em 9/1997

Esse grande hospital, ligado à University Hospital and Manhattan Campus For the Albert Einstein College of Medicine, tem um setor de cuidados paliativos similar ao do *Memorial*. O ponto notável foi o atendimento *Home Care* por toda a equipe disciplinar. Cada profissional visita sozinho o paciente e depois se reúne com os colegas, para a troca de informações e a discussão de estratégias de atendimento.

Durante as visitas monitoradas aos doentes terminais, observei a conduta e comunicação entre os psiquiatras e os pacientes e pude constatar a importância de o "cuidador" estar sempre atento e em contato mais profundo com a psique do paciente, interpretando e analisando, e não só oferecendo explicações baseadas em condutas externas. Para ilustrar essa observação, relatarei o trabalho de acompanhamento de um psiquiatra. Entramos no quarto de uma paciente de 50 anos, com câncer em estado muito debilitado e com prognóstico de poucos dias de vida. Seu histórico pessoal apresentava muito sofrimento. De origem hispânica e muito humilde, trabalhava como servente, lavando banheiros de um prédio no centro de Nova York. Sozinha, sem família, sem amigos, tinha um filho na cadeia e uma filha morrendo de AIDS. Foi atendida com todo o respeito e carinho por parte do psiquiatra, em espanhol, pois nesse hospital são designados médicos americanos para estudarem espanhol e assim poderem atender aos pacientes de fala hispânica. Ela limitou-se a respostas breves, fechou os olhos e manteve-se em silêncio quando me dirigi a ela em espanhol. Foi a única das pacientes em todas as visitas feitas que se negou a falar. O psiquiatra explicou que ela estava muito mal e perturbada mentalmente pelo sofrimento.

Quando saí do quarto, fiquei no corredor, aguardando a próxima visita. Nisso essa paciente passou numa maca e, ao me ver, pediu à enfermeira que me chamasse, pois queria falar comigo. Aproximei-me dela e ela me disse, procurando resgatar sua dignidade ferida, num fio de voz:

– *Soy una señora, no podría mostrarme a usted desnuda, descubierta y con pañuelos sucios como estaba. Soy una señora.*

Ouvi sua indignação, revolta e dor. Quando se acalmou, pude falar-lhe longamente, até ela relaxar, fechar os olhos e a enfermeira a levou. Parecia ter recuperado sua dignidade.

O paciente seguinte também chamou minha atenção. Fui avisada de que haveria uma demora para poder entrar no quarto, por causa da "violência" com a qual o paciente reagira à enfermeira. O diagnóstico era agressividade e o paciente se recusava a comer. Entramos. O psicólogo, parecendo muito preocupado, dirigiu-se a ele, apresentou-me e começamos a conversar. Enquanto eu o distraía, o psicólogo aproveitava para lhe dar comida na boca. Muito educado, o paciente falava com muita calma, mostrando ter novamente entrado no "comportamento esperado". Pareceu-me que qualquer manifestação de rebeldia à rotina ou alguma contrariedade provocada pelo paciente é recebida como um problema sério na Unidade de Cuidados Paliativos.

Gostaria de descrever o atendimento na área de musicoterapia, ligada ao Centre International of Musicotherapie (C.I.M.), na unidade de Cuidados Paliativos do hospital e do *Home Care*. Pude observar e entrevistar a cantora lírica Rima Joy Starr, M.A. em Musicoterapia, pela Universidade de Nova York (Advanced Psychiatric Training at the Institute for Expressive Analysis), que explicou como a música é coadjuvante na terapêutica de cuidados paliativos, por desenvolver efeitos psicofisiológicos, aliviando sintomas e dores, elevando o nível espiritual e evocando recordações. Pela pesquisa realizada em 1992, pela Universidade de Nova York, no setor de Musicoterapia (publicada no *folder* da Universidade), em 15 segundos são acionadas reações sedativas ou energéticas e o interesse por esse tratamento é de 91% junto aos pacientes (Lassaunière, Sraiki, Verney et al., 1995).

- Calvary Hospice – Nova York, EUA, em 10/1997

Este *Hospice*, no bairro do Bronx, é um pouco maior, com três andares. Os quartos são individuais, cada um de uma cor, em tom pastel. Observamos a atenção dada à parte de arte-terapia (pintura, desenho e modelagem). Após expressarem seus sentimentos na arte, os pacientes falam de si aos terapeutas, que os ouvem em respeitoso silêncio, sem nenhum comentário. Outro tipo de trabalho muito especial que conheci, devido a seu significado simbólico, é a Terapia do Plantio (*Horticultural Therapy*, da *Conventry University*). O paciente trabalha com a terra, plantando sementes, mudas, e observando seu crescimento, suas doenças, quando as plantas secam e morrem. Enquanto acompanha o ciclo da natureza, o paciente trabalha todos os dias a terra com as mãos, em silêncio absoluto, para levá-lo à reflexão e introspecção.

- Palliativstation ak Barmbek – Alemanha, em 5/1998

Esse *Hospice* foi construído dentro de um imenso parque e está escondido entre a vegetação, sem placa, de difícil acesso. A construção e a localização são excelentes para esse trabalho. Situa-se numa pequena cidade a uma hora e meia (de trem) de Hamburgo. Os quartos têm vista para o jardim, a sala de convivência dos pacientes têm as paredes de vidro, causando a ilusão de se estar dentro do jardim. O ambiente é totalmente diferente dos outros *Hospices*. Há dez leitos cuidados pela enfermeira-chefe Sabine

Haase, de alto nível de formação, e pelos auxiliares de enfermagem. Uma psicóloga atende uma vez por semana e os voluntários das cercanias e os familiares dos pacientes internados ajudam na execução de trabalhos domésticos, como a preparação dos alimentos dos pacientes, a limpeza e o atendimento nos quartos. Mantém-se silêncio em todas as dependências e todos os que ali trabalham falam sussurrando.

Quando o lampadário do corredor dos quartos se acende, significa que, naquele dia, um paciente morreu. As portas dos quartos ficam abertas e os quartos têm teto solar sobre a cama, para os pacientes observarem o nascer do dia, com o sol, e o fim do dia, com a chegada da noite. Há também uma sala com um saco de areia e luvas de boxe, para os familiares que necessitarem extravasar sua revolta.

Em quase todos os *Hospices* há um departamento de luto (*Bereavment Support and Education*), para o atendimento aos membros da família enlutada, com sessões terapêuticas individuais e em grupo. O trabalho é dirigido pelo psiquiatra ou psicólogo da equipe de saúde da unidade paliativa.

No Brasil, a PUC-SP oferece esse atendimento aos enlutados, criado e organizado pela Dra. Maria Helena Bromberg, especialista na área de luto.

Considerações

Quanto às habilidades exigidas de cada profissional da equipe multidisciplinar, nos diferentes *Hospices* e Unidades descritas, observei que ao médico (oncologista ou não) é solicitado o conhecimento de clínica geral e de psiquiatria, com a exigência de *ver o paciente como uma pessoa total: os médicos estão diretamente envolvidos nos sérios problemas psicológicos, sociais e físicos, e têm o domínio da ciência do controle de sintomas* (*European Journal of Palliative Care*, 1995: 161).

A enfermeira assiste o paciente, ouve suas queixas e angústias, para reduzir os sintomas percebidos. O capelão, geralmente, é o facilitador nos momentos de estresse e conflito. Ele ouve o paciente, ajuda-o a resgatar seu passado e tem como conduta levar o paciente a reconhecer e agradecer a vida, o amor que recebeu ao longo dela, o que deu sentido a sua existência e ajuda-o a compreender a morte que se aproxima. Nos *Hospices*, todas as religiões são atendidas por seus respectivos ministros.

A terapeuta musical propõe-se a reduzir a ansiedade, relaxar os músculos, melhorar a dispnéia e reduzir a dor. A função da arteterapia é propiciar uma linguagem a mais para o paciente, permitindo-lhe a expressão das emoções contidas, difíceis de serem externadas. O fisioterapeuta usa a massagem muscular para as contraturas e circulação, relaxando o paciente e oferece-lhe a oportunidade para que fale de si mesmo, de como sente o corpo, quais são os desconfortos e dores.

Os voluntários são treinados para atender os pacientes terminais e têm um papel de extrema importância. Sua colaboração é fundamental, pois, sem o enorme contingente desses voluntários, os *Hospices* não poderiam existir. Assumem seu papel como dever cívico e humanitário. Ser voluntário, principalmente na Inglaterra, está incorporado ao cotidiano da vida. Eles dizem:

– *Hoje cuido de quem está morrendo; amanhã, outros cuidarão de mim na fase em que eu estiver morrendo.*

Quando um paciente morre, imediatamente um membro da família do falecido assume um posto de voluntário como retribuição. Eles são os que ficam mais próximos dos pacientes e, por mais tempo, concentrados na qualidade de vida dos terminais, sempre atentos ao cuidado que dispensam a eles, acolhendo e ouvindo o que eles têm a dizer (*Oxford Textbook of Palliative Medicine*, 1999).

Em toda formação acadêmica na área de saúde dos países que visitei, quando a opção de especialização recai para os cuidados paliativos, o estudante deve cursar mais dois anos de psicologia. Portanto, o trabalho do psicólogo, em relação aos demais "profissionais-terapeutas", parece desnecessário, pois se encontra em último lugar em todos os *Hospices* e Unidades de Cuidados Paliativos visitados.

Dessas visitas, surgiram questões intrigantes: por que as equipes desses países do Primeiro Mundo, com uma vasta e sofisticada formação, excelência técnica de atendimento, não pesquisam a psique? Por que permanecem calados quando observam suas manifestações nos pacientes? Por que nem mesmo demonstram alguma curiosidade de cunho científico e não investem em pesquisas referentes à origem e ao significado do material produzido espontaneamente pelo paciente, tais como conteúdo de sonhos, origem de estranhos desenhos, repetição de formas plásticas apresentadas nas pinturas dos pacientes, iguais às pinturas dos pacientes falecidos há muitos anos, assim como as pinturas reproduzidas em boletins e livros de *Hospices* de outros países?

Como não pude fotografá-las, por ser proibido, observei as

pinturas e comprovei a riqueza de símbolos, a respeito dos quais nada era comentado, nem quanto ao número de mandalas e alguns desenhos eram idênticos aos feitos por meus pacientes na fase da terminalidade.

Seria interessante refletir também a respeito dos novos tratamentos aceitos pela comunidade médica americana, na área dos cuidados paliativos. Desde 1999, o Memorial Sloan-Kettering, de Nova York, possui um serviço de Medicina Integrativa (*Integrative Medicine Service*), que oferece terapias complementares (*Complementary Therapies*) aos pacientes e familiares, tais como shiatsu, massagem, massagem sueca, reflexologia, meditação, terapia da polaridade, reiki, arte-terapia, musicoterapia, terapia do som, *back in shape*, método Feldenkrais, tai-chi-chuan, acupuntura, *biofeedback*, hipnoterapia, imagens dirigidas, visualização e ioga.

O objetivo do uso dessas técnicas é aliviar o estresse, relaxar, despertar a criatividade, reduzir a dor e a fadiga causadas pelo câncer. É vedado qualquer tipo de interpretação e análise dos conteúdos, que possam surgir. O profissional da saúde deve ouvir respeitosamente os relatos dos doentes e nada deverá comentar ou responder, apenas encerrar a sessão.

Não pretendo atribuir a essa realidade um juízo de valor e não poderia dar respostas às questões aqui levantadas, pois, para obtê-las, seria necessária uma ampla e profunda pesquisa. Mas, não posso deixar de pensar e questionar o pacto de silêncio a respeito da psique que reina nesses *Hospices*, nos Congressos de Cuidados Paliativos e nas unidades dos hospitais.

Junto a essas equipes, observei que a concepção de homem e psique é diferente da minha, na medida em que se recusam a pesquisar a origem profunda dos sentimentos externados pelos pacientes e o manancial de produção apresentado, que permanece sem explicação para o doente e para a equipe.

Como os cuidados paliativos visam à qualidade de vida no período que antecede a morte, não estaria sendo parcial essa qualidade se uma parte do paciente permanece sob controle, reprimida? Quais teriam sido os profundos e reais conflitos do paciente do *Hospice* espanhol, quando ele teve de "abortar" a expressão de seu desespero? Será que houve alguma repercussão interna? E o psicanalista, por que teve aquela reação tão dura? Medo de seu próprio medo de "tocar" na morte? Ou das indagações sem resposta de um moribundo?

Também questiono o que houve com a paciente de origem hispânica da unidade americana de cuidados paliativos. Sua recusa em falar e em abrir os olhos foi diagnosticada como perturbação mental causada pelo sofrimento. A que sofrimento estariam se referindo? Ao câncer? À morte próxima? Ou estaria simbolizando sua raiva, sua indignação e a necessidade de ser uma senhora e ter sua dignidade respeitada? O psiquiatra pareceu sentir-se culpado, surpreso e aflito, como se algo de sua responsabilidade tivesse falhado; talvez o *direcionamento do controle dos sintomas-alvo* (Holland, 1990: 467).

Pareceu-me que qualquer manifestação de recusa à rotina, ou mesmo alguma contrariedade por parte do paciente são recebidas como um problema sério na Unidade de Cuidados Paliativos. E pude observar que as poucas palavras desses dois pacientes e seu comportamento podem constituir um material para uma reflexão profunda, além de ampliar os horizontes teóricos.

Minha principal indagação, após essa pesquisa quanto à prática terapêutica do câncer terminal nos *Hospices* e Unidades de Cuidados Paliativos, remete ao porquê da resistência diante das manifestações da psique na terminalidade do paciente. Por que existe essa barreira invisível e constrangedora? Será porque a proximidade da morte faz com que o homem civilizado regrida à condição de homem primitivo, possuído pelo medo ancestral do desconhecido, do não desvendado? Sentir-se-á o homem civilizado humilhado diante dessa situação, sem poder nem controle? Será que fazer pesquisas em áreas desconhecidas, tais como os conteúdos da psique na terminalidade do paciente, poderão abalar o controle conseguido e estabelecido?

A experiência adquirida ao longo de meu trabalho supõe que o horror e a negação à morte, em que o paciente se debate, indicam a profunda e ancestral agonia (Morin, 1997) e a complexa angústia que pode acompanhar alguns doentes até a morte.

Pude observar em minha prática que quando o paciente morre, indicando estar em equilíbrio interno, demonstra um quadro geral de maior tranqüilidade, porque ele teve a oportunidade de entrar em contato com a repulsa à morte e pôde confrontar os monstros arquetípicos que surgiram em seus sonhos, decifrando-os e entendendo sua finalidade simbólica.

Passei dois anos realizando as visitas e observando os *Hospices* e as Unidades de Cuidados Paliativos e posso concluir que há um atendimento rico em minúcias. A ressalva é quanto à posição – de ala dos fundos – da psique e de seus conteúdos. E é a partir desse ponto que desejo continuar minha pesquisa: do limite terapêutico estabelecido por esse tipo de trabalho, ampliando e aprofundando a pesquisa a respeito das manifestações da psique nesse período terminal, amparada pela teoria junguiana.

A seguir, apresentarei o levantamento dos estudos existentes na área, para sedimentar e melhor clarificar minha pesquisa.

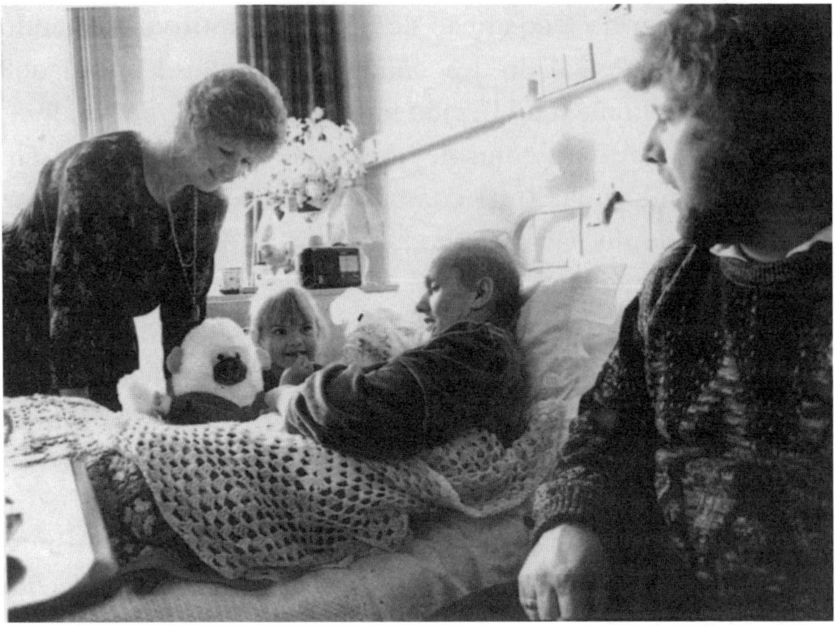

CAPÍTULO III

LEVANTAMENTO E ANÁLISE DE PESQUISAS DA ÁREA DE TERMINALIDADE

O material simbólico apresentado pelo paciente terminal com câncer pode ser dividido em temas representativos: o impacto da morte; a boa morte; a psique e o câncer; e a eficácia da medicina paliativa.

• A morte

Para Payne (1996), a consciência da proximidade da morte é benéfica ao paciente em fase terminal. Portanto, a comunicação é especialmente importante nesses casos, pois as ações adequadas dependem mais dos valores do paciente do que dos dogmas médicos, que devem responder às necessidades individuais dos pacientes (Kutner, 1999).

A pesquisa demonstra que a verdade suportável tem de ser informada ao paciente, mas a aplicação desse preceito requer tempo e dedicação ao paciente. Sendo assim, o princípio da verdade está ligado principalmente ao elemento básico de confiança entre o paciente e o médico. A primeira responsabilidade do médico é em relação ao paciente e não à família, o que significa que a ocultação da verdade (mesmo se pedida pela família) é uma falta de respeito para com o paciente enquanto pessoa (Dunbar, 1990).

• A Boa Morte

Feira (1999) concluiu que a maioria dos pacientes quer saber o máximo possível acerca de sua doença e tratamento, além de preferir envolver-se nas decisões de tratamento. A partir daí, os próprios pacientes chegaram à definição da *boa morte* como o controle dos sintomas da doença, não sentir dor, morrer calma e dignamente, de preferência dormindo (Payne, 1996).

Para os médicos, a *boa morte* foi definida como aquela que advém de uma abordagem holística, que leva em conta todos os aspectos do paciente, a qualquer momento, para que seja tomada uma atitude adequada. A *boa morte* também seria o acontecimento final que deverá ocorrer em local apropriado e de acordo com as normas sociais de comportamento, sem a intervenção ativa do médico. Portanto, os médicos deverão acompanhar os pacientes no processo da morte, mas é vedado interferir na vida do paciente ou ajudá-lo a morrer por meio da eutanásia (Lucent, 1994).

No debate a respeito da eutanásia e do suicídio induzido, Chochinov (1999) acredita que as considerações biomédicas e psicossociais são complexas; no entanto, nenhum estudo examinou até que ponto o desejo de viver de uma pessoa que está morrendo se altera à medida que a morte se aproxima.

O desejo de morrer, devido à depressão intensa na terminalidade, passou por uma grande mudança em cinco entre seis pacientes medicados com anti-depressivos. Após uma semana de tratamento, mostraram notável melhora em seu humor, sem mais idéias suicidas e pedidos para serem sedados. Esse tipo de tratamento pode mostrar-se eficaz para diminuir o desejo de morrer causado pela depressão (Kugaya, 1999).

- **A Eficácia da Medicina Paliativa**

Gannon (1995) define a Medicina Paliativa como aquela centrada no paciente, e, como cada paciente tem uma doença diferente, deve receber uma atenção diferenciada e individual. Para Payne (1996), só existe eficácia na Medicina Paliativa junto ao paciente terminal, na medida em que houver mudanças na natureza da comunicação entre os pacientes e seus médicos, no abrandamento do impacto pela proximidade da morte e na diminuição dos níveis de estresse, ansiedade, depressão, desconforto e/ou desconfiança.

Diante das expectativas e percepções dos pacientes com câncer avançado e de seus familiares, o papel da equipe especializada em cuidados paliativos deve ser de apoio psicossocial e controle dos sintomas, particularmente em relação à dor (Jarret, 1999), para não haver insatisfação com o controle da dor nem se dar pouca importância ao tratamento de outros desconfortos e queixas, pois um controle da dor bem-sucedido requer uma abordagem holística diante dos numerosos problemas dos pacientes que estão morrendo.

As expectativas e experiências de pacientes com câncer terminal, a avaliação quanto à qualidade de vida e o impacto em relação aos cuidados e serviços fornecidos indicaram que há áreas que necessitam de certas melhorias para garantir a qualidade de vida dos pacientes. A mais importante delas foi a expansão do autocuidado e da mobilidade. O controle da dor foi considerado como de alta eficácia, ao passo que o cuidado espiritual teve uma baixa eficácia (Yeung, 1999). Na Inglaterra, os usuários estão mais satisfeitos com o atendimento dos *Cuidados Paliativos*, pois apreciam o ambiente psicossocial nos *Hospices*, o que não pode ser afirmado em relação aos usuários da América do Norte, onde as pesquisas não revelaram resultados tão consistentes (Lorentzan, 1999).

Para Mak (1999), existe uma relação entre os cuidados oferecidos pelo *Hospice* e o fato de se atingir uma boa morte, e o ponto de partida consiste em se definir mais claramente o significado de se ter uma boa morte. Assim, uma boa morte visa a esperança como o aspecto essencial no relacionamento terapêutico entre os pacientes de câncer e seus cuidadores. Uma esperança realista proporciona um apoio considerável, enquanto a irreal pode ser destrutiva, por não possibilitar decisões adequadas em relação a planos futuros, tratamento e questões de importância pessoal.

Desenvolveu-se uma abordagem prática, que enfatiza as habilidades de comunicação e de saber ouvir, assim como a importância e os benefícios de metas intermediárias que facilitem um ajuste gradual de esperança, à medida que a doença progride (Links, 1994).

Em meio às divergências da ciência moderna, Hürny (1990) preconiza a necessidade de novas abordagens, para ampliar o conhecimento da recíproca psicobiológica nas situações de saúde e doença.

Jones (1997) observa o estudo que explora o aspecto de uma relação terapêutica de novas abordagens, para ampliar o conhecimento da recíproca psicobiológica nas situações de saúde e doença.

Sob a perspectiva psicanalítica, o inconsciente é determinante em relação à forma de viver e será determinante também em relação à forma de morrer, pois é a dimensão inconsciente da vida que mais influi na dimensão da consciência com a proximidade da morte. A psicanálise dos pacientes que estão morrendo deverá desenvolver a mesma atenção para a natureza simbólica da comunicação, tal como em qualquer outro momento da psicanálise. O psicanalista pode ser visto como um provedor de conforto para o paciente terminal, por aumentar sua autoconsciência que, por sua vez, lhe possibilita escolhas em relação à morte (Hulsey, 1995).

Em suas diferentes abordagens de psicoterapia individual experienciadas, foi desenvolvido um trabalho para os pacientes com câncer metastático, que receberam uma terapia comportamental-cognitiva muito bem fundamentada e estruturada e tiveram experiências similares às dos pacientes que receberam um tipo de relaxamento que incluía tempo não especificado para uma conversa informal entre paciente e cuidador. Nas duas formas terapêuticas, os pacientes podiam falar de pensamentos e sentimentos e os cuidadores eram continentes, ouvindo com verdadeiro interesse as experiências dos pacientes com sua doença. O resultado dessa pesquisa indicou a urgência em se rever o *setting* para a psicoterapia individual e a necessidade de aumentar consideravelmente o conhecimento a respeito do paciente em sua terminalidade.

Concluindo, os resultados da pesquisa não contribuíram diretamente para o objeto de meu estudo, mas, indiretamente, contribuíram com outros aspectos a serem analisados, criticados e relacionados aos *Hospices* e à Unidade de Cuidados Paliativos, enriquecendo com novas reflexões as pesquisas de Payne (1996), Kutner (1999) e Feira (1999). Assim, a consciência da proximidade da morte é necessária e apresenta benefícios ao paciente e a definição de *boa morte* dos doentes parece sugerir um maior aprofundamento em relação aos resultados de Hürny (1990), Dunbar (1990), Lucent (1994), Gannon (1995), Mak (1999), Chochinov (1999), Kugaya (1999) e Jarret (1999).

Como os pacientes e suas doenças são diferentes entre si, o atendimento deve ser personalizado, o que sugere um questionamento à uniformidade dos cuidados paliativos e aos resultados de pesquisas que estabelecem como *optimum* os cuidados, indicado como um modelo a ser seguido em todos os *Hospices* existentes.

Em relação à *boa morte* e aos cuidados necessários, falta uma literatura de apoio. O uso de uma *abordagem holística*, que abarque todos os aspectos do paciente, sugere um rompimento com o *modelo biomédico* (reducionismo, determinismo e universalismo) e a visão do homem em partes (Ramos, 1994). E quanto a idéias suicidas e pedidos de sedação? Não existem pesquisas a respeito da alteração do desejo de viver diante da proximidade da morte. A falta de pesquisas a respeito de um aspecto tão crucial indica uma visão fragmentada do homem e a ênfase parece ser dirigida a pesquisas de compartimentalização, objetividade, concretude e padronização (Ramos, 1994).

Os resultados de insatisfação em relação ao atendimento à dor parecem sugerir um número pequeno de pesquisas e de suas dimensões interligadas, além de indicar a possível ineficácia dos analgésicos isolados de um tratamento ligado a uma abordagem embasada por *um corpo teórico coerente, que possa abranger com maior amplitude a grandeza de um tema tão complexo quanto a questão do fenômeno psique-corpo na doença* (Ramos, 1994:11).

Em minha experiência psicoterapêutica com terminais, vejo como incompleto, e muitas vezes angustiante, o instrumento terapêutico da linguagem simbólica e das metáforas da arte e da poesia, quando não são devidamente interpretadas e analisadas.

Nos *Hospices* visitados, os pacientes, após a execução de algum trabalho artístico, mostram-se mobilizados, comentando o que fizeram, expressam seus sentimentos, mas os terapeutas apenas os ouvem respeitosamente. Ora, os conteúdos simbólicos expressados por meio de uma manifestação artística podem ser a via direta para a compreensão da psique do paciente, pois a linguagem simbólica da arte pode informar *seus acontecimentos orgânicos* (Ramos, 1994: 48), suas crenças, seus medos e o momento de sua morte.

Cabe aqui revisitar o resultado de pesquisas que alertam: em meio às divergências da ciência moderna, são necessárias novas abordagens para ampliar o conhecimento da recíproca psicobiológica nas situações de saúde e de doença. Dessa forma, o resultado indica a urgência em rever o *setting* para a psicoterapia individual e a necessidade de aumentar consideravelmente o conhecimento a respeito do paciente em sua terminalidade. Outros resultados de pesquisas a respeito dos cuidados paliativos mostram o não desenvolvimento e amadurecimento da especialização da área na mesma proporção.

Portanto, por essa amostragem de pesquisas, deve-se agilizar o estudo de aspectos não conhecidos e ampliar o conhecimento do paciente em sua terminalidade, além de recorrer a novas abordagens holísticas para a maior compreensão do fenômeno biobiológico, o que me levou a refletir sobre a lacuna observada nos *Hospices*, referente à falta de pesquisas da psique do doente que está morrendo.

O embasamento teórico dos cuidados, respaldados em um curto prazo, e o redimensionamento dado ao controle dos sintomas-alvo, encerram a possibilidade de explorar os conteúdos simbólicos da psique apresentados (ou não) pelos pacientes.

• A Psique e o Câncer

Von Franz (1995), respaldada por um embasamento teórico que abarca o paciente em todo o seu contexto, investiga a psique de forma ampla e irrestrita, demonstrando a relação entre o inconsciente e a morte, por meio de conteúdos simbólicos apresentados nos sonhos dos pacientes. Esse material simbólico, interpretado e analisado, proporciona ao paciente mais serenidade e maturidade para a compreensão de sua morte.

Ao longo de meus anos de experiência, observei abordagens terapêuticas que sugeriam limites à expressão ou à compreensão dos conteúdos da psique, que levavam – em alguns casos – ao agravamento do quadro psicossomático do paciente.

A equipe terapêutica também pode ser afetada, se se restringir à coleta dos fortes conteúdos simbólicos da psique do moribundo, sem elaborá-los, pois, dessa forma, mobiliza seus mais profundos e desconhecidos medos da morte. Como resultado, muitas pesquisas indicam que, no dia seguinte à morte de um paciente oncológico, cresce o número de faltas da equipe, por motivo de saúde.

Repensei minha prática exercida com os pacientes falecidos e, em seguida, refleti a respeito da consciência do fato da gravidade e vulnerabilidade do quadro do paciente, constantemente exposto às fortes e complexas emoções diante do sofrimento e da morte. Para preservá-lo, optei pela forma de desenvolvimento de pesquisa, durante as sessões de psicoterapia, acompanhando-os até a morte.

A terminalidade da vida de um paciente com câncer é definida pelo estágio final da doença, a partir do momento em que se consideram esgotadas todas as possibilidades de cura. O paciente, nessa fase, passa a apresentar sinais e sintomas de falência múltipla de órgãos e sistemas. Essa situação incontrolável, do ponto de vista dos medicamentos, gera imenso impacto emocional no paciente, na família, atingindo também a equipe de saúde que o assiste.

Diante desse quadro, a proposta de trabalho para esse estágio final seria contribuir com uma psicoterapia profunda, que pudesse abranger a totalidade do paciente e compreendê-lo como uma unidade indivisível psique-corpo, sem suas manifestações e conseqüências diante do impacto da terminalidade, propiciando-lhe uma morte digna, com a possibilidade de ser elaborada e, assim, poder usufruir o tempo de vida que lhe resta.

O referente teórico adotado foi o junguiano, por se tratar de uma abordagem holística e simbólica, que envolve diferentes áreas da ciência, estudos interculturais e amplia nossa perspectiva, permitindo ver idéias correntes quanto à doença, ao tratamento (e à morte, eu afirmaria), sob nova luz (Ramos, 1994).

Nesta pesquisa, procurei estudar com mais clareza o material coletado da psique do paciente no período que antecedeu sua morte: retratos indistintos, metafóricos e enigmáticos da realidade psíquica. São idéias que não obedecem à lógica e ainda não puderam ser formuladas de outra forma, mas contêm a situação psicológica e, se apropriadamente compreendidas, ampliam a personalidade existente, além de solucionarem o conflito. Expressam-se em termos únicos e individuais, ao mesmo tempo que participam de imagens universais. Os símbolos podem ser amplamente interpretados a partir de um contexto psicológico, histórico, cultural ou generalizado (Samuels, 1998).

Considerei importante o desenvolvimento de pesquisas relacionadas a todas as manifestações do ser que está morrendo. O atendimento nessa fase relaciona-se à dor e ao controle dos sintomas que são muito bem conhecidos e trabalhados, o que leva a crer que não há muito mais a ser pesquisado.

Ao refletir a respeito de alguns resultados da pesquisa, pareceu-me que essa posição não goza mais de consenso, pela existência do interesse em ampliar os conhecimentos quanto ao paciente. Essa posição talvez indique a necessidade de maior conhecimento e aprofundamento na compreensão dos processos desconhecidos, ou seja, dos processos da psique nessa fase.

Intrigou-me a resistência, entre profissionais experientes, ao conhecimento de material de novos estudos e pesquisas a respeito de pacientes, à luz de outros pressupostos, o que me levou a questionar: poderia o mistério insondável da finitude intimidar os cientistas? O medo arquetípico da morte, o tabu, o profundo, o sagrado, seriam os motivos que não permitiam o assunto? Pensei, ainda, se não seria o medo da morte que impediria os vivos de falarem, pesquisarem a respeito dela, pelo perigo que comporta seu contato. Existiria uma repressão inconsciente diante de uma reflexão mais profunda e ampla, pelos estranhos conteúdos trazidos pelos moribundos? Qual seria a razão para não considerá-los importantes para uma pesquisa?

Ao levantar as hipóteses de preconceito, de medo em lidar com o desconhecido "não-palpável", "não-mensurável", da falta de conhecimento das leis da psique (Ramos, 1994), poder-se-ia chegar à conclusão de que essa pesquisa, para o homem do terceiro milênio, significaria o retrocesso ao homem primitivo, que, com seus rituais e simbolismos, mostrava sua preocupação com a finitude e o medo diante da morte, agindo de forma a querer decifrar seu mistério e desvendar o que se seguiria a ela (Morin, 1997).

CAPÍTULO IV

A PSIQUE DO PACIENTE COM CÂNCER NA FASE TERMINAL

Neste capítulo, retomo os objetivos deste livro, para demonstrá-los em minha prática terapêutica: identificar e analisar os símbolos presentes na psique dos pacientes com câncer na fase terminal, em atendimento durante o período da terminalidade até sua morte. Na observação do paciente diante da realidade de sua morte, constatou-se que ele reage com intenso medo (Parks, 1991), angústia e depressão. Twycross e Lack (1992) verificaram que os sentimentos alterados podem elevar os níveis da dor, potencializando o mal-estar geral além de acrescentar mais sintomas psicossomáticos ao quadro do paciente.

Diante dessa realidade, por respeito absoluto e princípios de profunda humanidade pelo sofrimento do paciente, para chegar ao objetivo de minha pesquisa – coleta de material simbólico do paciente oncológico terminal –, optei pelo procedimento psicoterapêutico que passo a relatar.

A pesquisa prática realizou-se durante um ano, com 25 pacientes oncológicos terminais de ambos os sexos, com idade entre 31 e 85 anos, sob uma intervenção psicoterapêutica realizada de duas formas: com cinco pacientes de minha clínica, o processo psicoterapêutico foi desenvolvido com o trabalho de todos os conteúdos trazidos; com os 20 pacientes do Hospital Paulistano, por meio da escuta e intervenção psicoterapêutica, recolhendo material simbólico oriundo de sonhos, visualizações e relatos verbais.

Dentre esses 25, selecionei cinco para apresentar aqui, seguindo o critério de tê-los acompanhado em seus últimos dias de vida e de terem apresentado o material psíquico de maior significação para meu trabalho.

As condições clínicas observadas foram: pacientes de qualquer tipo de câncer em estágio terminal, lúcidos, sem apresentarem confusão mental acentuada ou distúrbios psiquiátricos severos.

Os pacientes selecionados receberam minha visita de segunda a sexta-feira e o número de sessões para cada paciente variou, assim como o tempo de cada entrevista (vide quadro a seguir), de acordo com o estado clínico e a necessidade de cada um, sempre no período da manhã (das 8 às 13 horas).

Paciente	Idade em anos	Tipo de Câncer	Sessões p/ semana	Nº total de sessões	Duração da sessão	Atendimento total
Letícia	46	Tumor hepático. Metástase generalizada	5	20	30 a 90 min	35 h
Luiza	46	Neoganglionar. Metástase: pulmão, linfas, estômago, esôfago	2	3	60/120min	5 h
Augusta	85	Adenocarcinoma nas mamas. Metástase: pulmão, ossos, fígado, útero, cérebro	1/ 2/ 5	8	90/120min	13 h
Joel	31	Leucemia aguda linfoblástica transplantado	5	20	120/ 180 min	41 h
Werner	53	Tumor retal. Metástase: intestino, rins.	3	6	90 min	9 h

Para a realização da pesquisa, solicitei um ambiente silencioso para o acesso aos pacientes e familiares nos dias e horários propostos e que não houvesse interrupção de nenhuma forma, exceto, naturalmente, em casos de emergência e/ou desejo do paciente.

O paciente poderia estar deitado ou sentado, em repouso, e ele tinha liberdade para relatar a situação geral em que estava nesse período da enfermidade, próximo da morte. Quando se estabelecia um *rapport*, eu lhe solicitava o relato dos sonhos, *day dreams*, imagens mentais surgidas, e lhe propunha exercícios de imaginação dirigida, relaxamento e toques terapêuticos.

As entrevistas semidirigidas foram de natureza interativa, de início inteiramente informais, com a inserção de algumas perguntas no fluxo da conversa, com o objetivo de trazer os temas mais difíceis e complexos para explorá-los (Mazzotti, 1998).

Estabeleci um roteiro para me orientar: na primeira entrevista, cumprimentava o paciente pelo nome, sendo breve, polida e natural. Apresentava-me (nome e profissão) e explicava o tipo de atendimento que estava desenvolvendo no hospital. Para estabelecer uma interação com o paciente, perguntava a respeito de seu estado de saúde, sua doença, do histórico de seu quadro e seu cotidiano fora do hospital. Na segunda entrevista, depois dos cumprimentos de praxe, fazia perguntas mais diretas a respeito de como passara o dia anterior, se havia sentido dor, descansado ou dormido. A partir da terceira entrevista, os cumprimentos denotavam uma maior proximidade e as perguntas passavam a ser mais diretas a respeito do estado físico, dos sonhos e dos pensamentos e/ou sentimentos que o paciente tivera.

As entrevistas foram desenvolvidas durante o ano da pesquisa e em 80% das vezes eu deixava o paciente livre para falar de suas necessidades do momento. A coleta de dados teve registro gravado e transcrito após o término de cada entrevista, em caráter de absoluto sigilo.

A escolha desse método de entrevista deveu-se ao fato de o paciente encontrar-se vulnerável (Weisman, 1972), fragilizado e debilitado pela doença. Dessa maneira, precisava de toda a atenção, reconhecimento e continência por parte do pesquisador.

Como o nível de estresse que acompanha a iminência da morte traz grande tensão muscular, o que leva ao aumento do nível da dor e de desconforto geral do paciente, os exercícios de relaxamento neuromuscular proporcionam o alívio das tensões psicofísicas, interrompendo o círculo vicioso instalado pela doença. Para a prática do exercício de relaxamento, utilizei Schultz (1950), Jacobson (1976) e Erickson (1994), que preconizam um *corpo técnico combinado* de relaxamento, e desenvolvido a partir das necessidades observadas no paciente, ao longo dos anos de minha prática, que tem demonstrado ser adequado para o estado de terminalidade, além de potencializar os opiáceos.

O relaxamento propiciava o aparecimento de imagens mentais espontâneas, que eram identificadas e, psicoterapeuticamente, trabalhadas ou, algumas vezes, sugeridas por mim, para a melhor percepção do paciente. Esse processo permite ao paciente entrar em contato, por meio das cenas mentais, com situações esquecidas, temidas ou reprimidas na mente mais profunda, possibilitando, com certa rapidez, uma melhor administração da desorganização mental que desequilibra o paciente terminal (Erickson, 1994; Fonseca, 1985; Epstein, 1990; Achterberg, 1996; Jung, 1997). Portanto, se esses conteúdos simbólicos não forem elaborados, podem transformar-se no gatilho da depressão e de crises de pânico no paciente.

Finalmente, as imagens oníricas são consideradas, em termos genéricos, a melhor expressão, em forma simbólica, de fatos ainda inconscientes (Samuels, 1986). Os sonhos que antecedem a morte, por meio de seus conteúdos, trazem uma maior oportunidade de resgatar o sentido da fase final que o paciente está vivendo. E, graças *à imediatez de sua expressão anímica e a sua relação com o sonhador, viabilizam valiosos testemunhos a respeito da morte e do ato de morrer* (Rohn, 1995: 27). De acordo com Jung (1963),

> *o sonho é uma porta estreita, dissimulada naquilo que a alma tem de mais obscuro e íntimo; essa porta se abre para a noite cósmica original, que continha a alma muito antes da consciência do eu e que a perpetuará muito além daquilo que a consciência individual poderá atingir. Mediante o sonho penetramos no ser humano mais profundo, mais verdadeiro, mergulhado ainda na penumbra da noite original, quando estava no Todo e o Todo nele, no seio da natureza indiferenciada e despersonalizada. O sonho provém dessas profundezas, onde o universo ainda está unificado, quer assuma as aparências mais pueris, as mais grotescas, as mais imorais. Os sonhos são fenômenos naturais que não diferem daquilo que representam. Não iludem, não mentem, não deformam, não encobrem, mas comunicam ingenuamente o que são e o que pensam. Exprimem algo que o eu não sabe e não compreende* (Jung, 1963: 360).

Em minha pesquisa, trabalhei com os sonhos que o paciente considerou significativos. Após ouvi-los, interpretei-os aos pacientes, que mostraram disponibilidade e interesse. Minhas interpretações, de caráter mais amplo, foram feitas posteriormente e não comunicadas aos pacientes. Outros sonhos foram trabalhados com técnicas de visualização das imagens oníricas e, outros, ainda, com dramatização interna (Fonseca, 1985).

Em seguida, passarei à descrição e análise dos cinco pacientes escolhidos discriminados no quadro anterior.

Primeira Paciente – Letícia

Estou deitada nesta cama, o quarto está escuro, vejo vultos se encaminhando para a porta e me chamar pelo nome em coro... passam pela porta... vão indo embora... continuando em coro... me chamando... me chamando... tenho de levantar e seguir eles... tenho muito medo... (Letícia 5/2000).

Foi numa segunda-feira do mês de maio de 2000, que atendi a essa paciente pela primeira vez. Ela me recebeu como se já estivesse me esperando e eu tivesse demorado muito. Não se concentrou em meu nome nem se interessou pela explicação curta de meu trabalho junto aos pacientes. Apenas fixou minha identificação de psicóloga e disse:

– *Sempre fui muito nervosa e queria demais fazer terapia. Procurei uma, mas era muito caro e nunca pude fazer.*

Observo aquela mulher de 46 anos, com belos traços finos, cor do ébano e que, apesar de negra, na cor de sua pele ressaltava uma coloração extremamente amarelada. O ventre encontrava-se distendido e proeminente e ela se mostrava muito assustada e deprimida.

Perguntei-lhe o que estava acontecendo. Com dificuldade, mas mostrando querer falar, disse que começou a ter constantes dores abdominais e hemorragia forte, sendo o diagnóstico inicial de hepatite em estado avançado. Iniciou o tratamento correspondente, que não teve eficácia alguma. Voltou ao médico. Após a ultrassonografia abdominal, constatou-se um tumor, e foi internada de imediato.

Ela disse que esse diagnóstico fora feito 15 dias antes e, nesse período de internação, fez tratamento intravenoso. Demonstrando medo, ela disse:

– Eu penso que estou com câncer, mas não tenho coragem de perguntar ao médico, porque sei que o câncer ou faz a gente sofrer muito, ou a gente morre. Eu tenho muito medo da morte, apesar de acreditar em Deus, e ser agora muito católica. Trabalho como voluntária na pastoral do menor.

Nesse momento, ela parou seu relato, suando muito, olhos arregalados, disse estar com muita dor. *Dói muito... muito...* Sua respiração tornou-se entrecortada, o batimento cardíaco acelerado. Chamei a enfermeira, que observou o quadro da paciente e me disse que ela havia sido medicada antes de minha chegada, e que nada mais podiam fazer.

Ela ouviu com atenção o que a enfermeira disse e permaneceu calada. Após a saída da enfermeira, propus um relaxamento. Ela consentiu, balançando afirmativamente a cabeça.

Pedi-lhe que concentrasse sua atenção no ritmo de sua respiração. Para ajudá-la, coloquei minha mão espalmada sobre seu peito, acompanhando o ritmo respiratório e pedindo-lhe que tentasse expirar "longa" e "tranqüilamente", acionando com essa forma de expiração a função tranqüilizadora e relaxante que o "vago" proporciona. Lentamente, seu ritmo respiratório e cardíaco foi-se acalmando, as contrações musculares diminuindo, e assim pude levá-la a concentrar-se em cada parte do corpo, conduzindo-a à hipnose profunda. E Letícia permaneceu em estado de relaxamento e tranqüilidade por duas horas.

Refleti sobre o histórico da doença dela e levantei questões, para as quais não pude obter respostas devido a seu estado de fraqueza: por quanto tempo ela teria suportado calada os sintomas que sentia, antes de procurar o médico pela primeira vez? Por que demorou a procurá-lo? E por que, mesmo diante das fortes dores e sangramento, de início não foi solicitada uma ultrassonografia abdominal? Estaria claro o diagnóstico de hepatite avançada? A hepatite mascarou o câncer? Poderia a hepatite causar fortes dores abdominais e hemorragia digestiva baixa?

Na ficha fornecida pelo oncologista do hospital constava tumor hepático cancerígeno, metástase generalizada, indicação de quimioterapia diária. O diagnóstico era muito grave e a quimioterapia não mais obtinha resposta em seu organismo. O quadro da dor se agravou a cada dia, sendo constante o uso de Tramal como opiácio, mas que não lhe proporcionava efeito satisfatório.

Lembrei-me da conduta dos médicos ingleses do "centro de referência para a dor em câncer", Michael Sobell. O uso de opióides necessários ao paciente de câncer com dores é absolutamente claro e estabelecido: o paciente não deverá sentir dor. É imprescindível oferecer-lhe qualidade de vida na fase que precede a morte.

Em minha prática terapêutica, verifiquei que a política quanto ao uso da morfina no Brasil talvez não esteja, até o momento, sendo muito bem administrada, trazendo sofrimento a mais aos pacientes que dela necessitam.

No momento da dor de Letícia, quando ela disse: *Dói muito... muito...*, observei que essa dor surgiu durante o relato do medo do câncer que leva à morte.

Pareceu-me ter percebido que seu corpo expressou através de uma alteração fisiológica – a dor – a manifestação psíquica do medo do câncer como mensageiro da morte.

Poderíamos, assim, relacionar a imagem do medo da morte – *o símbolo* – que é a expressão da percepção do fenômeno psique-corpo, feita pela percepção das alterações fisiológicas e da imagem referente sincronicamente. O símbolo é como o terceiro fator na polaridade mente-corpo (Ramos, 1994: 51).

No dia seguinte, quando cheguei ao quarto de Letícia, ela estava muito agitada, murmurando palavras soltas quando abria os olhos, que estavam opacos. Tentei trazê-la de volta, perguntando-lhe o que estava acontecendo, mas foi em vão. Decidi aplicar a técnica da Calatonia (Sandor, 1960) nos pés, com o objetivo de tranqüilizá-la. Após 30 minutos, Letícia foi diminuindo o número de suas palavras até ficar em silêncio, não abriu mais os olhos, cessando a agitação do corpo e demonstrando estar dormindo mais tranqüila.

Na quarta-feira, quando cheguei ao hospital, a enfermeira-chefe me avisou que Letícia teve acentuada piora, com dores mais fortes. O médico aumentou as doses dos analgésicos.

Quando entrei no quarto, ela estava desperta, a enfermeira a seu lado, dizendo-lhe que ela não podia continuar recusando-se a comer. Pedi à enfermeira para ficar sozinha com a paciente, com o intuito de ajudá-la a se alimentar.

Comecei a conversar com Letícia, perguntando-lhe de sua família. Ela, aos poucos, contou que era casada, tinha dois filhos adolescentes, um rapaz de 16 anos e uma moça de 18 anos. Seu pai já morrera e sua mãe morava no sítio em que ela nasceu, no interior do Maranhão. É a mais velha de três irmãos. Começou a descrever o sítio do Maranhão com certo prazer. Perguntei-lhe, então, onde gostaria de estar nesse momento, ao que ela respondeu:

– Naquele tempo de criança, com minha mãe, brincando com meus irmãos.

E mergulhou nas boas lembranças da infância. Descreveu como era feliz onde morava e se referiu às músicas que cantava com os irmãos e a mãe. Cantarolava baixinho. Aos poucos, fui lhe dando os alimentos na boca, em pedacinhos, e ela comeu tudo. Após a refeição e a conversa, fechou os olhos, exaurida. Comecei, então, a cantar baixinho uma das canções que ela havia mencionado. Letícia adormeceu com o rosto descontraído e um sorriso de prazer.

Nos dois dias seguintes, não foi possível entrar em contato verbal com Letícia. Ela permaneceu semi-inconsciente, gemendo de dor. Usei novamente a técnica da Calatonia (Sandor, 1960). Como resposta, os gemidos se espaçaram, mas ela ainda gemia de dor.

Durante o fim de semana, a enfermeira disse que ela permaneceu consciente por alguns períodos e recebeu a visita do marido e dos filhos.

Na segunda-feira seguinte, encontrei Letícia sentada, consciente e desperta, querendo falar. Pedi-lhe, então, que relatasse a cena mais marcante de sua vida. Ela permaneceu em silêncio, de olhos fechados por um tempo. Abrindo os olhos, disse:

> – *A cena mais forte que já vivi foi no 6º mês de gravidez, em casa, quando um amigo do meu marido, que morava conosco, entrou para pegar uma arma, e dois homens aparecem correndo atrás dele. Meu amigo atirou nos dois, um morreu ensangüentado, aos meus pés, e o outro foi transportado muito ferido. Eu comecei a passar mal do coração e fui internada na UTI e lá permaneci por três meses até o parto ser feito por cesariana. Eu não quis ver o meu bebê, nem conseguia me lembrar dele. Permaneci, depois do parto, por mais de um mês na UTI.*

Após o relato, fechou os olhos. Sugeri-lhe que voltasse a viver essa cena na imaginação, que entrasse nessa cena e trabalhasse as imagens, questionando e tentando organizar esse episódio de seu passado. Essa técnica de psicoterapia do teatro, "psicodrama interno", foi desenvolvida por Fonseca (1985) e permite ao paciente reviver, por meio de recursos teatrais, uma cena antiga, marcante e significativa, que se desenrola internamente por intermédio das imagens reais já vividas, esclarecendo os aspectos obscuros e reprimidos do indivíduo em relação ao acontecimento.

Quando voltou, Letícia disse:

– *Pela primeira vez consegui pensar, falar e ver a cena; pareceu-me agora menos assustadora.*

Nos dias subseqüentes, terça, quarta, quinta e sexta-feira da segunda semana de maio, não consegui chamar Letícia para a consciência. Fui informada de que, a cada dia, o quadro da doença se agravava e pude observar que seu ventre estava ainda mais distendido; emagrecera visivelmente e, nesses quatro dias, apresentou pela manhã muita agitação, gemendo de dor ininterruptamente.

Nesses dias permaneci ao lado de Letícia por uma hora. Usei a técnica da Calatonia, hipnose com sugestões de estar no Maranhão e cantei para ela as canções de ninar que são regressivas e ajudaram a tranqüilizar a paciente. Ela demonstrou aquietar-se nesses atendimentos.

Após o fim de semana, indaguei à enfermeira como Letícia passara o sábado e o domingo. Ela relatou-me:

> *– Letícia recebeu visitas, mas seu quadro permaneceu o mesmo dos quatro dias anteriores. Abria os olhos por algum tempo, olhava as pessoas, mas parecia não reconhecê-las, mantendo-se alheia. Por algum tempo conversou com o marido e o irmão.*

Na segunda-feira da terceira semana, quando cheguei ao quarto de Letícia, ela parecia querer falar. Abriu os olhos, iniciou algumas frases, mas, em seguida, entrou em sono comatoso. Usei hipnose para tranqüilizá-la.

No dia seguinte, terça-feira, Letícia estava desperta e mostrou-se muito deprimida. Quando lhe perguntei se havia sonhado, ela abaixou o tom de voz e sussurrou que sim. Disse ter contado o sonho para o irmão e o marido, que disseram que ela estava ficando louca, mandando-a calar-se. *Por isso estou com medo de contar o sonho.* Foi preciso dar-lhe algumas explicações, em linguagem simples, sobre o que eram os sonhos e a importância de seus significados, para ela se decidir a contá-los.

Muito agitada, respiração ofegante, e com voz muito baixa, relatou:

– Eu estava nesta cama, o quarto meio escuro e vejo um cachorro grande e preto que está a meu lado. Ele se levanta e encaminha-se para a porta, como que mostrando para eu segui-lo. Tudo fica muito escuro e eu tenho muito medo. Mas o pior é que depois deste sonho, eu vejo o cachorro a meu lado levantar-se, dirigir-se para a porta e eu sinto que devo segui-lo. Vejo isto constantemente. Não posso falar do cachorro, não tenho cachorro, nunca tive e até não gosto muito.

Comecei a perguntar: o que o cachorro estaria lhe indicando? Qual seria seu intuito? Quem era? O que significava para ela esse cachorro? Para onde o cachorro queria conduzi-la? Por que deveria ela segui-lo?

À medida que descrevia o animal, suas qualidades, seu medo dele, o que observava nele, parecia perceber que o cachorro do sonho significava mais do que aparentava. Ela pareceu entender que ele lhe apareceu nos sonhos para dizer-lhe algo que ela estaria precisando saber. Nesse momento, ela teve uma atitude de grande respeito, parecendo compreender o que relutava em aceitar. Lágrimas escorreram por seu rosto e demonstrou estar organizando seus pensamentos e sentimentos, ficando em profundo silêncio (por 20 minutos). Rosto sério, calma, olhos fixos em algum ponto imaginário ao longe, nada mais comentou do cachorro e do sonho.

Deduzi que não devia perguntar mais nada. Instalou-se um silêncio absoluto no quarto. Ela pareceu ter mergulhado em uma zona muito profunda dentro de si, indicando-me que esse lugar só a ela pertencia e que eu o devia respeitar.

Esse foi o primeiro sonho relatado por Letícia, no qual pude resgatar uma figura simbólica, a do "cachorro", que em diferentes culturas significa o arauto da morte na visão mitológica.

Quando ela iniciou o relato de seu sonho e disse estar na cama, no quarto meio escuro, vendo um cachorro grande e preto a seu lado, que se levantava e se encaminhava para a porta, indicando para ela segui-lo, pensei na primeira função mítica do cachorro, atestada universalmente, o deus Psicopompo, quer dizer, condutor de almas, sem o que estas não poderiam alcançar a eternidade e a felicidade (Brandão, 1996) e guia do homem na noite da morte, depois de ter sido companheiro nos dias da vida. O cão é o acompanhante do morto em sua "viagem noturna pelo mar", associado aos símbolos maternos de sentido similar (Jung, 1952).

Na mitologia grega, Cérbero é o cão de Hades. É um dos monstros encontrados nas pinturas gregas que guardavam o império dos mortos e interditavam a entrada aos vivos, mas, acima de tudo, se entrassem, impedia-lhes a saída. Na interpretação dos neoplatônicos, Cérbero é o próprio gênio do demônio interior, o espírito do mal. O cão de Hades representa o terror da morte; simboliza os próprios Infernos e o inferno interior de cada um (Brandão, 1996). Cérbero, o guardião de Hades, só pode ser domi-

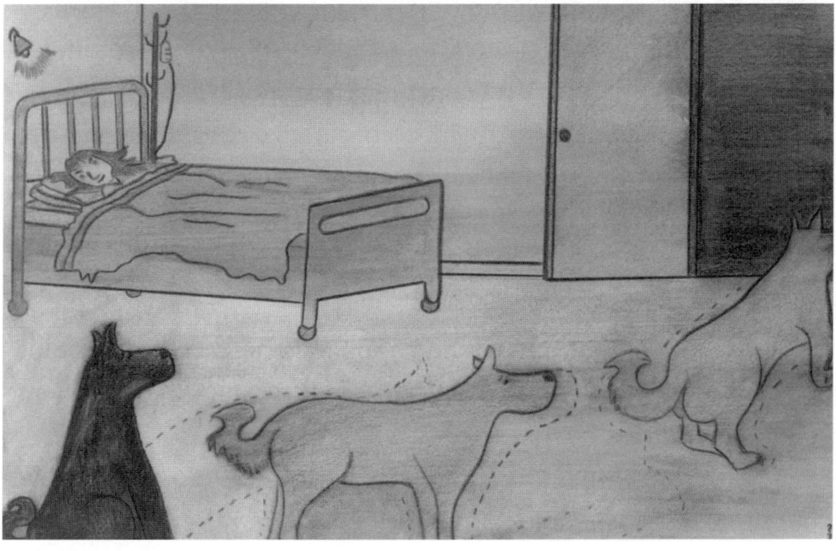

nado sobre a terra, quer dizer, por uma violenta mudança de nível e pelas forças pessoais da natureza espiritual. Para vencê-lo, cada um só pode contar consigo mesmo (Brandão, 1996).

Para os egípcios, o cão tem por missão aprisionar ou destruir os inimigos da luz e guardar as portas dos lugares sagrados. Para os alemães, um cachorro terrível chamado Garn guarda a entrada de Nifheim, reino dos mortos, país de gelo e de trevas. Os antigos mexicanos tinham os cães como especialmente destinados a acompanhar e a guiar os mortos para o outro lado; enterravam com os cadáveres um cachorro da cor do leão (da cor do sol) que acompanhava o defunto como Xalotl, o deus-cão, durante sua viagem pela terra. O cachorro é também, com freqüência, descrito na mitologia como um acompanhante que cura, protege e conduz ao além (Herzog, 1983).

No folclore brasileiro, o cão é o sinônimo de demoníaco, de Satanás, Diabo, Lúcifer, Belzebu. Quando o cão uiva é porque está vendo uma alma do outro mundo (Cascudo, 1984), fato comprovado por mim, quando minha mãe estava agonizando em meus braços. No exato momento em que ela morreu, meu cachorro que estava no jardim começou a uivar assustadoramente. Pessoas da família tentaram detê-lo, em vão. O cachorro uivou aproximadamente por 30 minutos. Várias pessoas que moravam em casinhas humildes, embrenhadas no mato, começaram a chegar atraídas pelo uivo do cachorro e permaneceram em respeitoso e absoluto silêncio do lado de fora da casa de minha mãe. Sem nada perguntar nem falar a respeito do que aconteceu naquela casa. Parecia que todos já sabiam.

Portanto, a figura do cachorro, quando surge em determinados sonhos, parece anunciar a morte e indica estar no inconsciente coletivo de vários povos.

Quarta-feira, quando entrei no quarto de Letícia, ela estava com uma acompanhante, amiga de seu grupo religioso. A amiga disse estar lendo trechos importantes da Bíblia para Letícia.

Observei Letícia no leito, mais magra, o amarelo da tez acentuado, bem como o ventre mais distendido. Ela estava um pouco agitada, gemendo, indicando dor.

Perguntei à acompanhante se poderíamos conversar um pouco sobre Letícia. No corredor do hospital, a senhora relatou que Letícia, durante a noite toda, permaneceu intranqüila, falando que doía muito. Disse que as mulheres do grupo da Igreja estavam se revezando para ficarem no hospital, pois os filhos de Letícia não se preocupavam com a mãe doente, o mesmo acontecendo com o marido.

Perguntei à senhora que trechos da Bíblia estava lendo para Letícia e ela disse: *nós todos estamos lendo as passagens que falam do pecado e do arrependimento*. Em seguida perguntou, afirmando: *esta agonia dela é "culpa", não é? Está sofrendo porque precisa expiar suas culpas, não é mesmo?*

Fiquei muito preocupada com o enfoque terrível e sombrio de Deus que elas confirmavam e os efeitos que poderiam causar em Letícia. Sugeri à acompanhante que, daquele momento em diante, o bem maior que todas poderiam fazer por Letícia seria despertá-la para a confiança e certeza do amor infinito do Deus-pai por ela, segundo sua religião e sua crença.

Indiquei, como "colaboração terapêutica" por parte de todas as senhoras acompanhantes de Letícia, que só lessem ou cantassem para ela o Salmo 23, que fala de Deus como o bom pastor, que nada deixará faltar a sua criatura, e Ele conduzirá e levará sua criatura tão amada para o descanso nas verdes pastagens, e nada será preciso temer, nem mesmo a passagem pelo vale das sombras, porque Ele a guiará e estará sempre junto a ela em todos os dias de sua vida.

Pareceu-me que a acompanhante compreendeu, e que naquele momento ela e seu grupo já poderiam anunciar a outra face de Deus, a face da luz e da bondade.

Nesse dia, após a conversa com essa amiga, só pude aplicar a Calatonia em Letícia e fazê-la entrar em hipnose profunda, potencializando os analgésicos e deixando-a mais tranqüila, dormindo.

No dia seguinte, quinta-feira, encontrei a paciente muito assustada, dizendo que havia tido outro "sonho de medo" e que precisava contá-lo. Seu relato:

> *– Eu estava deitada nesta cama, o quarto estava escuro, vi vultos se encaminhando para a porta e me chamar pelo nome em coro, passam pela porta, vão indo embora, continuando em coro me chamando... me chamando... Quando acordo, continuo a ver os vultos aqui do lado da minha cama. São muitos e dois deles são pessoas que eu gostava muito e que já morreram. Os dois homens e as mulheres dirigem-se para a porta, chamando-me pelo nome, todos juntos. Parece que eu tenho que levantar e seguir eles. Tenho muito medo e eles continuam, continuam me chamando todos juntos.*

O sonho foi trabalhado com a paciente, dentro do possível, devido à situação clínica em que se encontrava. As doses do remédio Tramal foram aumentadas e eu devia aproveitar rapidamente os momentos mais lúcidos de compreensão, antes de a paciente entrar em estado comatoso.

Após refletir e conversar sobre o sonho e "as aparições", perguntou-me:

– E os vultos chamando meu nome em coro? O que eu faço com eles? Sempre que fico sozinha eles aparecem; eu tenho muito medo.

Sugeri que ela fizesse as perguntas que desejasse aos "vultos". Ela concordou. Relatou que os "vultos" femininos eram desconhecidos, disse que os dois vultos masculinos eram seu pai e um amigo de infância criado com ela. Em seguida, começou a falar a respeito do "mundo dos mortos", no que acreditava, esclarecendo um pouco seu sistema de crenças em relação à morte: existe outra vida de completa felicidade e nossos mortos vêm nos buscar. Apesar do pouco tempo que Letícia teve durante as sessões para confrontar a iminência de sua morte, ela pareceu absorver e processar o tema com rapidez e positivos resultados para si. Pude deduzir isso pela aparência tranqüila que apresentava ao final das sessões: ritmo respiratório calmo e batimento cardíaco tranqüilo, feições suavizadas e corpo relaxado.

Quando pesquisei o simbolismo desse sonho, sob o ponto de vista da psicologia profunda, encontrei a seguinte explicação: "vultos" seriam um aspecto da totalidade psíquica – o *Self*. Assim sendo, é como se o *Self*, o centro divino do ser humano, possuísse dois aspectos: um não encarnado, puramente espiritual, eterno; e o outro, manifesto na matéria (Von Franz, 1995: 137). E mais:

> *Plutarco (século II d.C.) diz que as almas dos mortos são envoltas por uma película, irradiando uma coloração como o luar contínuo e suave. Essa presença invisível de um sinistro "outro", igualmente se refere à morte.*

Os vultos também seriam o eidolon, *isto é, uma sombra impura ou uma fumaça incorpórea que vai para o Hades, o reino dos mortos para os gregos* (Von Franz, 1995: 159).

O fenômeno de ver vultos é uma experiência do sujeito, independentemente de sua vontade. O numinoso é tanto uma qualidade pertinente a um objeto visível, como a influência de uma presença invisível, que causa uma peculiar alteração da consciência. O numinoso desafia explicações, parece conter uma mensagem individual que, embora misteriosa e enigmática, também é profundamente impressionante. A disponibilidade prévia para confiar em um poder transcendente é uma condição prévia para uma experiência do numinoso. Uma experiência do numinoso é mais do que uma experiência de uma força tremenda e compulsiva, é um confronto com uma força que encerra um significado ainda não revelado, atrativo, profético ou fatídico. Uma experiência do numinoso não é sempre uma manifestação psicopatológica (Samuels, 1998).

A respeito dos vultos que chamavam em coro *Letícia... Letícia...* Von Franz (1995) observa que, quando o ego confronta-se com uma "voz", essa voz poderia ser interpretada como a personificação do *Self.*

Letícia entoa o canto das vozes dos vultos, parecendo ter receio de que eu não acreditasse no que viu e ouviu. Quando iniciou esse canto, transformou-se e, apesar de seu quadro de fraqueza, entoou um som hipnótico longo, suave, contínuo.

Esse canto de seu nome entoado pelos vultos que seguiam saindo pela porta, chamando-a como um "encantamento", me fez lembrar a Esfinge, em sua categoria de irmã das Sereias, a "cruel cantora", que, em princípio, é uma alma penada, é a alma dos mortos. As sereias são musicais, como todas as suas irmãs que cantam e “encantam” perigosamente. A respeito de Ulisses, o mito nos conta que as sereias antropófagas tentariam encantá-lo com sua voz maviosa e irresistível, atirá-lo contra os recifes, para despedaçar-lhe a nau e devorariam todos os seus ocupantes (Brandão, 1996).

Ainda a respeito dos vultos que disse serem dois de homens, os outros, mulheres, Von Franz (1995) cita que a morte aparece como uma figura masculina ou feminina na mitologia de vários povos.

Um dia depois do sonho das visões, quando cheguei a seu quarto, a paciente contou ter conversado internamente com os vultos: *agora eu sei, os vultos são do bem.* Nada mais quis comentar a respeito desse sonho e das visões, indicando, pela segurança de seu relato, ter obtido por meio do “trabalho da conversa interna com os vultos” um resultado que a tranqüilizou.

Nessa sexta-feira, Letícia demonstrou precisar ficar em silêncio. De olhos abertos, estava atenta a minha presença e, quando fiz menção de deixá-la, segurou minha mão e pediu para que eu ficasse. Expliquei para Letícia a importância desse momento. O silêncio a levaria a permanecer em contato interno com seus sentimentos, percepções e descobertas a respeito de sua conversa com os “vultos”. Ela confirmou com a cabeça. Pedi para ela fechar os olhos e iniciar uma respiração profunda, alongando a expiração a cada vez. Com a palma da mão sobre o centro de seu peito, fiz uma leve pressão a cada expiração sua, aumentando lentamente a pressão e pedindo-lhe que fosse cada vez mais para o fundo dela mesma e entrasse em contato com seus sentimentos. Sua respiração modificou-se e tornou-se cada vez mais suave e profunda. Deixei Letícia em contato consigo mesma.

Na segunda-feira da terceira semana de atendimento, a enfermeira relatou-me que a paciente, no fim de semana, teve visitas, mas permaneceu de olhos fechados, sem comunicar-se com ninguém e que o quadro tornara-se mais grave e nenhum medicamento obtinha resposta. Fui até seu quarto e ela estava acompanhada por um de seus irmãos, que veio do Maranhão para estar com ela. Perguntei ao irmão como ela passara a noite. Ele abaixou a cabeça e começou a chorar, dizendo estar com medo de que a irmã morresse. Conversamos por longo tempo a respeito de seus medos e conceitos sobre a morte e ele confessou ter medo de Letícia morrer quando estivesse sozinho com ela. A morte o deixava *apavorado*. Centramos o assunto em seu sistema de crenças sobre a morte. Pontuei a importância de ele refletir naquele momento sobre sua própria verdade.

Letícia dormia, calma. Deixei seu irmão em contato com seus pensamentos. Minha saída não foi percebida por ele.

Nos dias subseqüentes dessa semana (terça, quarta e quinta-feira), Letícia permaneceu em estado comatoso. Nesse dias usei hipnose durante as sessões, por ter observado seus resultados constantes e positivos: relaxamento neuro-muscular, batimento cardíaco forte e calmo, respiração suave e tranqüila.

Na sexta-feira, Letícia estava acompanhada pelo irmão. Muito agitada, desligada do exterior, tentei chamá-la, sem êxito. Falava muito, palavras soltas e meio enroladas, não conseguia entendê-las. Mas, de repente, ela falou a seguinte frase: *é o buraquinho da mulher, eu estou entrando nele*. Repetiu a frase clara e nítida por quatro vezes, sorrindo, virando a cabeça de um lado para o outro. Pedi a Letícia que falasse mais sobre esse buraquinho, mas ela estava longe, sem comunicação. Seu irmão, que estava meu lado, ficou muito envergonhado, abaixou a cabeça e perguntou: *por que ela está falando estas coisas? Desculpe, doutora, desculpe*. Procurei explicar-lhe que as palavras de Letícia podiam estar indicando uma figura simbólica que estaria expressando mais do que o buraquinho da mulher no qual ela estava entrando. Mas o irmão não quis que eu explicasse nada; permaneceu de cabeça baixa, envergonhado e dizendo estar decepcionado com a irmã. *Ela não deveria falar estas coisas.* Fiquei em silêncio e respeitei seu momento de confusão.

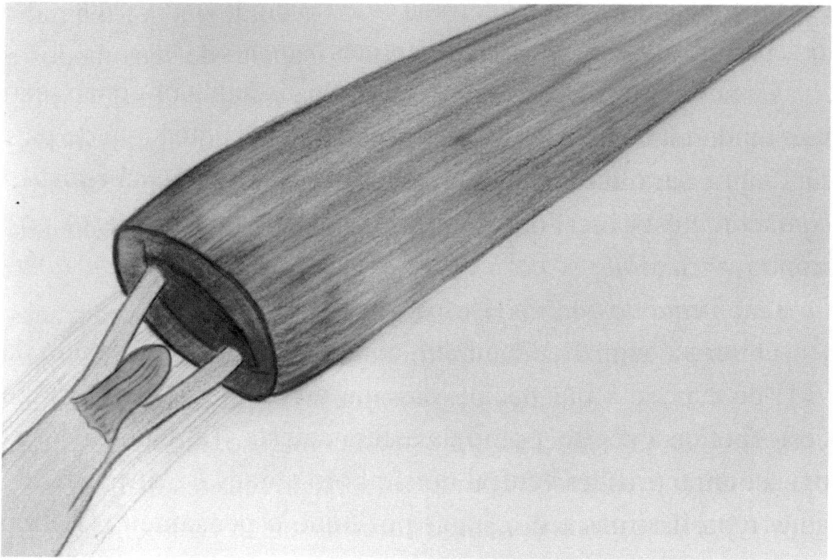

Constatei que Letícia diminuía as palavras, até ficar em silêncio e menos agitada. Decidi, nesse dia, encerrar o atendimento por pensar ser melhor para Letícia. Pedi ao irmão que, quando ela estivesse consciente, conversasse sobre a infância dos dois e para ele cantar as cantigas desse tempo, para ela dormir e durante o sono. Ele concordou.

Depois dessa sessão sem comunicação com a paciente, restou-me apenas refletir sozinha quanto ao conteúdo simbólico que ela trouxe, falando durante o sono induzido pelo Tramal. O que teria Letícia vivido durante seu sonho? Por que sorria, parecendo alegre, quando falou: *estou entrando no buraquinho da mulher*? Poderia essa fala de Letícia ser associada ao que Cirlot (1984: 126) escreveu a respeito do símbolo do "buraco"? Classifica esse símbolo de muito importante, pois aborda essencialmente dois planos principais: o da vida biológica, e seu poder de fecundação que se relaciona com os ritos de fertilidade; e o da vida espiritual, no qual o "buraco" expressa a "abertura" desse mundo com respeito a outro mundo. Foram encontradas em numerosas culturas em todo o mundo "pedras perfuradas" que recebem diferentes formas de culto.

Os povos primitivos da Índia identificam "buraco" com o sexo feminino, relacionado à "porta do mundo", pela qual tem de passar a alma para libertar-se do ciclo cârmico. No *Brihadaranyaka Upanixade* está escrito que *quando um ser humano deixa este mundo, encaminha-se para o ar, o ar se abre para ele, numa abertura em forma de buraco* (Cirlot, 1984: 127).

O buraco significa também, concretamente, a passagem da vida do espaço à inespacial, da vida do tempo à atemporal, e corresponde a zênite, ponto da esfera celeste. Também se identifica com o orifício central do símbolo chinês Pi, que tem origens remotíssimas e é o lugar por onde o pensamento mítico supõe que se passa do temporal ao atemporal. O "buraco" é o símbolo do céu.

Os índios Pomo, do norte da Califórnia, na cerimônia de sua iniciação, recebem uma "patada" do urso grizzly, que lhes abre um suposto orifício nas costas, com o que "morrem" para passar à nova etapa de sua vida.

Cirlot (1984) verifica que, provavelmente, a visão de feridas, desde os tempos mais remotos, pode ter contribuído para fortalecer a identificação das idéias de "buracos" e a travessia entre os espaços mundano e ultramundano. O autor cita também o simbolismo do "buraco" no quadro *Orfeu*, de Gustave Moreau, no qual ele pintou, nas paisagens de fundo, rochas perfuradas, com evidente sentido transcendente. Prosseguindo,

Cirlot (1984) alude à obsessão por "buracos" na obra de Salvador Dalí (regulares, em forma de janelas) e buracos nas costas de algumas de suas personagens.

Não houve oportunidade, nem tempo de vida, para Letícia trabalhar comigo esse episódio do "buraquinho". Ela viveu essa experiência interna de passagem libertadora, que pertence ao inconsciente coletivo de tantos povos.

Na segunda-feira, da quarta semana de atendimento, fui informada a respeito do sábado e domingo. Letícia permaneceu agitada, com dor e não conversou com ninguém. Cheguei ao quarto muito cedo. Letícia estava, pela primeira vez, sentada na poltrona; de banho tomado, as enfermeiras trocavam a cama encharcada de urina e sangue. Ela, constrangida, disse não ter percebido, *escapou, não consegui controlar*, dizia. Trabalhamos esse constrangimento. Ela continuava lúcida e muito alterada, dando uma importância desmedida ao fato, mostrando "terror" nos olhos. Continuou falando, falando que molhou a cama, a fala muito enrolada pelos remédios e a agitação crescendo.

Perguntei à Letícia se tivera algum sonho. Com os olhos esbugalhados, a voz quase inaudível, disse que sim. Ao pedir que o relatasse, negou-se, balançando a cabeça.

Comecei, então, um relaxamento (desenvolvido por mim), com voz cadenciada, com entonação e intenção de ampla continência, para com a paciente, até ela se tranqüilizar. Ela voltou e abriu os olhos; pedi, com muito cuidado, o relato do sonho. Sussurrando, como se estivesse com medo de mais alguém ouvi-la, disse:

> *– Sonhei com um mostro de orelhas pontudas, olhos injetados de sangue, corpo coberto de penas pretas, braços e pernas também, mãos e pés de garras gigantes, mas iguais aos pés de galinha.*

Letícia ficou ofegante durante o relato do sonho e aumentou seu batimento cardíaco. Passou a falar desconexamente do monstro, do medo que ele causou nela. Pedi-lhe que falasse com o monstro, visualizando-o: o que ou quem era, e ela repetia: *ele vem me pegar, ele vem me pegar.*

Aguardei 30 minutos, para que ela falasse, até se esgotarem suas forças e, quando ela se calou, exausta e suando, passei ao relaxamento, com toques suaves no rosto, nas mãos, nos pés. Pedi, nesse momento, para Letícia visualizar internamente o monstro e perguntar quem ele era; conversar com ele; olhar para o monstro com calma, segura, até compreendê-lo. A paciente, após 40 minutos, tranqüilizou-se e dormiu profundamente, sem nada me relatar do que acontecera durante sua visualização do monstro.

Esse "monstro" do sonho de Letícia já havia aparecido nos sonhos, ao longo da psicoterapia, de quatro diferentes pacientes terminais com câncer. A única diferença do "monstro" de Letícia eram as penas pretas, que cobriam o corpo, e os pés de galinha.

A descrição feita por Letícia, bem como a dos outros quatro pacientes, coincide com a figura do monstro caldeu Moloch, figura mítica do Antigo Testamento. Moloch é a besta. Ídolo a quem os pais entregavam seus descendentes (as crianças) em sacrifício, para serem queimadas na fornalha de sua barriga. Quem desse alguém a Moloch, deveria bater nessa pessoa, até matá-la. Era um sacrifício "real". Um ritual de purificação praticado em vários lugares. O fogo de Moloch excitava as paixões imorais (*Escrituras Sagradas*, 1986). E *não deves permitir que alguém de tua descendência seja devotado a Moloch. Nem ter relações imorais com ele [...] os homens e mulheres que assim o fizeram, não passarão pelo fogo de Moloch [...] não irás consultar adivinhos, mágicos, quem lê o futuro, feiticeiras... acolheste a tenda de Moloch [...] eu vou ajustar as contas. É preciso matar Moloch (Levítico 20.5).*

Acolher Moloch era um sinal para ser morto...

Esta paciente nasceu no Estado do Maranhão, e viveu uma cultura de forte influência africana. Anos depois, quando veio para São Paulo, converteu-se à religião católica.

Quando a paciente salientou *mãos e pés de garras gigantes, mas iguais aos pés de galinha,* parece-me haver algum conteúdo simbólico que eu poderia relacionar com o que Câmara Cascudo (1984: 358) cita:

a galinha dá a idéia dos mais inofensivos dos viventes, mas não é. Tem segredos detestáveis... pode dar nascimento ao pior bicho do mundo: o "basilisco", espécie de lagarto que mata pelo olhar. A galinha que passa 7 anos sem pôr ovos é a mãe do basilisco. Quando começa a cantar como o galo, é porque está atraindo a morte para a casa do amo.

Garras gigantes, mas iguais aos pés de galinha remetem, também, à seguinte interpretação: *os pés de galinha são excomungados porque espalharam as palhas do presépio onde Nosso Senhor Jesus Cristo nasceu. A sinonímia compreende a mulher fácil e o homem pusilânime ou pederasta* (Cascudo, 1984: 358).

Quanto às penas, sua função simbólica está ligada ao Xamanismo, aos rituais de ascensão celeste e, portanto, à clarividência e à divindade. Também as penas são um símbolo de sacrifício. Simbolizam ainda o vento e os deuses criadores do panteão egípcio, como Osíris, deus que simboliza a continuidade dos nascimentos e dos renascimentos. Sob a forma visível de um deus, Osíris desce ao mundo dos mortos para permitir a regeneração e, enfim, a ressurreição na glória de Osíris. Segundo São Gregório, as penas simbolizam a fé e a contemplação.

Um monstro com o corpo coberto de penas pretas. O preto, simbolicamente, é o aspecto frio, negativo, associado às trevas primordiais, à indiferença original (Cirlot, 1984). O negro é a parte de baixo do mundo, exprime a passividade absoluta, o estado da morte. O luto preto, sem esperança, é a cor da condenação, da renúncia à vaidade do mundo. O negro corresponde também ao Yin feminino chinês, terrestre, instintivo e material. Animais ou outros personagens com essa cor, nos sonhos, mostram que está acontecendo um contato com o universo instintivo e primitivo, que ele se agita para clarear e ser domesticado e que se devem canalizar as forças para objetivos mais elevados (Cirlot, 1984).

Na terça, quarta e quinta-feira, foi progressiva a gravidade do quadro geral de Letícia. Sua magreza acentuava-se, bem como a distensão do seu abdômen. Ela, nesses três dias, tentou falar comigo, mas sua fraqueza não permitiu. Oscilava nessas sessões entre querer falar e entrar na inconsciência. Segui com os procedimentos: imagem dirigida, hipnose e toques terapêuticos pelo corpo, acompanhando seu ritmo respiratório.

Na sexta-feira, vigésima sessão da quarta semana de atendimento, encontrei a paciente muito mal, tendo o médico já diagnosticado que seus órgãos começavam a entrar em falência.

Quando entrei no quarto, Letícia estava com os olhos virados para cima, somente a parte branca aparecendo. Comecei a chamá-la e ela disse estar com muita dor. Observei que emagrecera mais ainda, e estava muito fraca. Estava com dificuldade para falar, a língua meio enrolada em conseqüência do aumento do Tramal. Mesmo assim, relatou um sonho que teve:

– Eu era jovem, bonita, o corpo forte, cheia de saúde, e estava com um vestido leve e solto, de gaze azul e branca, correndo descalça em um campo de relva verde e florzinhas. Era muito bonito. Foi um sonho muito feliz.

A paciente mostrou estar cansada pelo esforço de falar. Eu lhe pedi para que fechasse os olhos, relaxasse e entrasse no campo de flores de seu sonho. Conduzi a "imagem dirigida", conforme seu relato. Ela descontraiu o corpo rapidamente. As pálpebras fecharam-se e seu rosto suavizou-se, como se estivesse sentindo prazer no que via ou imaginava de si.

Após esse trabalho, comecei a cantar para Letícia uma cantiga de sua infância (*Meu limão, meu limoeiro*), à qual, em sessão anterior, havia se referido, dizendo que lhe trazia boas lembranças, e notei em seu rosto um meio sorriso, a respiração mais calma e profunda, e iniciei um canto de sua religião, que fala de vestes azuis e brancas, das cores do céu.

Observei o efeito benéfico da musicoterapia para essa paciente e, sendo assim, comecei a cantar o som sagrado. "Om...om...om" (é o primeiro som que os humanos emitem, segundo a cultura da Índia). Repeti o som sete vezes, como um mantra (leva a paciente a estado regressivo).

O irmão de Letícia chegou para ficar com ela e novamente lhe pedi que cantasse músicas de sua terra e da infância deles, enquanto cuidava dela.

Esta foi a última sessão de Letícia. No dia seguinte entrou em coma, não mais retornando à consciência. Letícia morreu durante a noite, no domingo.

Recebi a notícia na segunda-feira pela manhã, quando cheguei ao hospital.

Esse último sonho de Letícia repete-se, com certa freqüência, em sonhos de meus pacientes próximos à morte e como o último deles. Mesmo no paciente em um quadro severo de dor, de pressão e angústia, esse tipo de sonho com o seu "corpo são", em contato direto com a natureza, transforma-o, e ele demonstra prazer e felicidade, pelo sorriso, pela descontração muscular e pelo desejo de permanecer na cena. Observo que, nesse momento, o paciente parece retornar à natureza como seu princípio de vida. Conforme Von Franz (1995), a "relva verde" costuma aparecer como símbolo da misteriosa relação entre vida e morte.

Quando Letícia disse: *correr descalça em um campo de relva verde,* penso se correr descalça não seria o símbolo da libertação. Libertação do corpo doente, do leito do sofrimento. O símbolo do contato direto (com a relva verde), sem intermediações (os pés descalços) com a ressurreição.

Na Idade Média, o verde era considerado a cor do Espírito Santo, da vida, da procriação e da ressurreição. O verde é uma espécie de espírito vital ou alma cósmica que a tudo impregna (Von Franz, 1995: 43).

Vários costumes europeus relatam que na primavera ou na semana de Pentecostes, "um menino é recoberto de relva, imerso na água ou morto simbolicamente, para depois renascer". Trata-se de um ritual mágico para provocar o fim do inverno e garantir chuva abundante no decorrer do ano. Essa figura mítica tem algo a ver com a morte e reflorescimento da vida. Representa a imagem do princípio da vida e morte simbolizado pela vegetação (Von Franz, 1995).

O "campo" em que Letícia corria, no sentido mais amplo, pode simbolizar espaços, possibilidades abertas. Pode-se identificar aqui o simbolismo dos deuses urânicos, como Mitra, senhor dos grandes campos, deus salvador, vencedor, invencível (Brandão, 1995) que, como dono do céu, assume a função de guia das almas (Cirlot, 1984).

Os Campos Elíseos, da mitologia greco-romana, simbolizam os campos dos alimentos, das oferendas, onde são provadas as alegrias divinas da eternidade. Antítese dos infernos, os campos são símbolos do Paraíso, para onde os justos irão após a morte (Chevalier, 1982).

Da mesma forma, fala-se dos campos do Senhor na Bíblia: *O Senhor é meu pastor e nada me faltará. Por verdes pastagens me conduzis* [...]. *Ainda que eu andasse pelo vale da sombra da morte, não temerei mal algum porque comigo estás* (Davi, salmo 23). O Salmo também fala de "campos verdes", "vale da sombra da morte" e da "proteção do Senhor", que "conduz" as almas.

Nesse campo existem *florzinhas*. As flores têm como simbolismo, para os persas, o elemento primeiro do processo de ressurreição. Nas paisagens persas que representam o Além, cada anjo ou poder divino tem sua própria flor (Von Franz, 1995).

Para os egípcios, a idéia de ressurreição ligava-se à imagem do mundo das plantas, sendo as flores um aspecto do corpo ressuscitado.

Von Franz cita o antigo texto alquímico de Komarios, que afirma que, no momento da ressurreição, as plantas "florescem". Assim, as flores são uma imagem arquetípica da vida após a morte, ou da própria ressurreição do corpo (Von Franz, 1995).

A paciente morreu em conseqüência de hemorragia digestiva baixa, após um mês de atendimento. Foram 20 sessões, perfazendo 35 horas de psicoterapia.

Gostaria de esclarecer que a presente pesquisa se restringe única e exclusivamente à apresentação dos relatos dos símbolos transmitidos pelos pacientes e aos comportamentos principais observados, no decorrer do processo.

Foi observada nesta paciente a forma como se realizou a articulação da psique-corpo. Essa unidade mostrava-se a cada sessão, no momento dos relatos dos sonhos e das outras manifestações da psique. Os conteúdos simbólicos e o quadro da doença, agravando-se a cada dia, causavam simultaneamente alterações fisiológicas e terror. Em seu primeiro relato, quando supunha estar com câncer e tinha muito medo da morte, começou a se alterar. A paciente interrompia o relato, queixava-se de violentas dores e descontrolava-se.

No relato dos sonhos com o cachorro preto e os vultos que a chamavam por seu nome em coro, as manifestações psicossomáticas eram de terror, olhos arregalados, paralisados, mudança de coloração da pele, apresentação de cianose labial e das extremidades, acentuada sudorese, corpo gelado, tremor incontrolável e taquicardia perigosa para seu estado. Durante o sonho com o monstro-demônio que vem pegá-la, teve grave hemorragia e incontinência urinária.

A paciente me permitiu, com os conteúdos psíquicos por

ela descritos, constatar a universalidade dos símbolos entre os povos, bem como chamar ainda mais minha atenção para a temática do "pavor da loucura", da "humilhação" de sentir-se e ser assim classificada.

A falta de conhecimento a respeito das possíveis estranhas e apavorantes manifestações da psique por parte da família, grupo de amigos religiosos (que cuidavam dela) e da equipe de saúde, inadvertidamente acabou trazendo sérias conseqüências adicionais de sofrimento psico-físico à paciente. Quando era rotulada de louca, sentia medo da loucura. Sua pressão arterial subia, como também o nível da dor aumentava. A proibição da família para que ela não revelasse a ninguém o conteúdo de seus sonhos deixava-a humilhada e deprimida.

Talvez seja possível pensar que a paciente encontrou, por si só, internamente, o simbolismo do cachorro preto, dos fantasmas das vozes, do monstro-demônio, do campo de relva verde e florzinhas, por suas palavras de explicação reveladas e pela tranqüilidade que apresentou, posteriormente, a minha breve e limitada contribuição psicoterapêutica nessa fase.

Seus sonhos confirmavam, a cada sessão, a proximidade de sua morte, e pude observar a seqüência do processo de transformação interna, que culminou com o sonho do campo de relva verde por onde ela corria descalça, livre e curada.

Nesse processo psicoterapêutico, parece ter sido possível observar uma das hipóteses da psicossomática junguiana: *a doença orgânica pode ter uma finalidade e um significado* (Ramos, 1994).

A paciente indicou como "finalidade" de "sua" doença castigar-se, por meio do câncer, sofrer estoicamente para sua purificação. Como significado da doença, o demônio-morte vem buscar o pecador para o sacrifício final.

Segunda Paciente – Luiza

Estou num lugar e me vejo com um pêndulo de um relógio nas mãos... seguro-o fortemente. O pêndulo é de cristal. (Luiza, 5/2000)

A primeira sessão foi em uma quarta-feira da primeira semana de maio. Fui recebida por Luiza, uma moça loira, muito bonita, impecavelmente arrumada, corretamente maquiada, cabelos tratados, camisola e *liseuse* rosa, que mais parecia uma parturiente. Muito agressiva, em tom alto e grosseiro, disse não suportar psicólogos e nem precisar de psicóloga alguma, porque só falavam "asneiras" e ela não iria contar nada de sua vida. As perguntas a respeito de "seu" câncer não teriam respostas, pois era simplesmente ridículo falar de câncer. Disse que sabia tudo sobre o quadro de sua doença, o que iria acontecer, e "fim de papo". Acrescentou:

– *Sou uma pessoa muito instruída, sou professora primária e aqui, neste hospital, não tem ninguém a minha altura.*

Ouvi Luiza até o fim de seu discurso, sem interrompê-la. Respondi-lhe que estava em seu direito de não querer ser atendida por mim e despedi-me.

Seu acompanhante, muito constrangido, seguiu-me e pediu desculpas, demonstrando querer falar comigo. Dispus-me a ouvi-lo. Disse chamar-se Mário e ser o cunhado de Luiza:

– *O caso de minha cunhada é muito grave e ela tem pouco tempo de vida.*

Contou que ela era espírita, tinha 46 anos, estava internada há dois meses e piorava a cada dia que passava. Ela casara por duas vezes e não tivera filhos, porque o segundo marido "proibira-a" de ter filhos, por não gostar de crianças, mas desquitou-se de Luiza quando a amante engravidou. Seus pais haviam falecido de câncer e só tinha uma irmã viva, com quem ele estava casado. Os outros dois irmãos, mais velhos, também haviam falecido com câncer.

Ela nunca havia feito algum exame de rotina, por precaução, por causa do quadro familiar de câncer, nem ia ao ginecologista. Sua primeira queixa havia sido de fortes dores generalizadas e só foi ao médico porque não conseguia mais trabalhar. Pelos exames realizados, verificou-se que estava em estado avançado de um câncer neoganglionar, com metástase no pulmão, linfas, estômago e esôfago.

O cunhado acompanhava o sofrimento de Luiza e achava que ela deveria ser atendida por mim, ao que respondi que era ela quem precisaria querer. A paciente estava no *estágio da raiva*, descrito por Kübler-Ross (1998: 55), com um misto de sentimentos de raiva, revolta, desprezo e inveja, e todos eram alvo dos piores sentimentos da paciente. Tornava-se muito difícil, do ponto de vista da família, da equipe de saúde e dos amigos, lidar com o *estágio da raiva*, por ele se propagar em todas as direções e projetar-se no ambiente, sem razão plausível.

Quando o motivo da raiva do paciente não é analisado e ela for assumida em termos pessoais, a família, a equipe de saúde e os amigos retribuirão com uma raiva maior, alimentando o comportamento hostil do paciente (Kübler-Ross, 1998).

Constatei nessa paciente o *significado do câncer parecer um símbolo* (Ramos, 1994: 60) do destino a ser cumprido, pois sua vida fora constantemente permeada pelo estresse do medo e da depressão, por causa da alta probabilidade de vir a ter um câncer. E *toda emoção, todo fenômeno psíquico tem um correlato fisiológico. As pesquisas mostram a relação entre estresse e alterações fisiológicas* (Ramos, 1994: 58).

A paciente não apresentou nenhuma queixa quanto aos sintomas lastimáveis pelos quais passava, referindo-se à doença como *o meu câncer*, demonstrando vitória e orgulho por possuí-lo, o que denota que a *doença orgânica* tinha *uma finalidade* (Ramos, 1994: 60).

Dois dias depois, na sexta-feira, eu estava atendendo no Hospital, quando fui chamada pelo cunhado da paciente. Luiza havia reconsiderado sua posição e queria que eu fosse a seu quarto. Enquanto nos encaminhávamos ao quarto, Mário contou a história afetiva de sua cunhada, a qual julgava estranha: apaixonada por um homem casado, vivia uma relação conflituosa, pois, todo ano, o homem prometia separar-se para legalizarem a situação, mas só tirava dinheiro dela, por estar numa situação financeira precária e, mesmo no hospital, sabendo de seu estado de doente terminal, o homem continuava pedindo dinheiro e prometendo casamento. O cunhado afirmou que o espiritismo condena esse tipo de situação, mas Luiza dizia que sua relação era apenas espiritual.

Quando cheguei ao quarto, seu estado estava alterado e mostrava-se prepotente ao classificar o hospital e o atendimento como "de baixa categoria". Ainda estava agressiva e disse não querer falar nada de "seu câncer", nem do seu estado, que tudo aquilo era "idiotice":

– *Não quero ouvir nenhuma pergunta!*

Propus um trabalho de relaxamento autógeno (Schultz, 1950), para lhe trazer bem-estar, que ela aceitou. Logo no início do exercício, queixou-se de muita dor no pescoço, começou a tossir, engasgou com a secreção, vomitou e sentiu-se sufocada. Com o auxílio da visualização, comecei a relaxar os tubos da garganta, usando toques terapêuticos e massagem suave. Ela se tranqüilizou, então coloquei, por alguns minutos, a mão espalmada, previamente aquecida, em sua garganta, até ela se acalmar mais e, quando comecei a retirar suavemente a mão, ela a reteve com força, para mantê-la sobre o pescoço. Relaxou profundamente até dormir por três horas, num sono reparador.

Na segunda-feira, a terceira sessão, encontrei Luiza disposta e querendo me contar um sonho:

– Estou num lugar e me vejo com o pêndulo de um relógio nas mãos. Seguro-o fortemente. Esse pêndulo é de cristal. É um pêndulo de um relógio-cuco. O pêndulo de cristal é muito brilhante, transparente e com muitos reflexos.

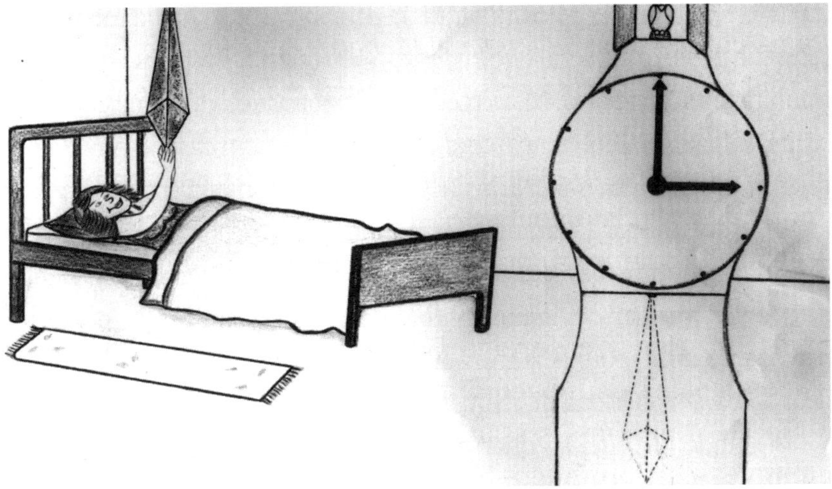

Imediatamente, ela passou a interpretar seu sonho, identificando o pêndulo de cristal como "seu câncer".

Diante da impossibilidade de abordar o sonho já analisado e encerrado, propus um exercício de visualização, com o intuito de colher mais elementos a seu respeito, e ela concordou.

A visualização era uma proposta explícita, mediante relaxamento profundo, para entrar em seu *castelo interno e descer às suas masmorras, onde existem três prisões trancadas* (Epstein, 1998: 10). Luiza subiu ao topo do castelo e não às masmorras, onde encontrou as três prisões. Na primeira, estava sua mãe falecida, que abriu a porta e saiu, iluminando a cela. Na segunda, estava sua primeira professora da infância, uma pessoa considerada muito boazinha e muito amada por Luiza. A professora estava viva, muito velhinha, e morava perto de sua casa.

Perguntei a respeito dessa professora, para saber se havia acontecido algum fato marcante em relação a ela. Após alguns minutos de silêncio, contrariada, Luiza contou:

– *Eu era muito pequena e estava com uma ferida grande e aberta no cotovelo. Estava desenhando, distraída, quando a professora passou, esbarrou na ferida, fazendo doer muito. Este fato foi muito marcante na minha vida, porque doeu muito.*

Em seguida, mostrou-se muito surpresa, pois na terceira cela estava seu tio mais querido, que morrera de enfarte, subitamente, além dos dois ex-maridos, dos quais sentia muita raiva. Ela encerrou seu relato contando que após a saída das pessoas da segunda e da terceira portas, as celas ficaram iluminadas.

Como Luiza havia feito terapia há alguns anos, procurei explicar -lhe que seria difícil ter um vínculo com uma psicoterapeuta em pouco tempo e dei-lhe tempo para pensar nisso até a próxima sessão, quando poderíamos trabalhar em um nível mais profundo. Ela permaneceu em silêncio.

Foi essa a terceira e última sessão. Luiza apresentou uma melhora em seu quadro clínico e voltou para casa por alguns dias. Retornou ao hospital e depois de uma semana morreu serenamente, segundo relato da enfermeira.

Passo, então, à análise dos sonhos. No primeiro, o relógio, como toda forma circular com elementos internos, pode ser interpretado como forma mandálica. Como máquina, está ligado às idéias de "movimento perpétuo", criação mágica de seres com autonomia existencial (Cirlot, 1984). Como forma de mandala, é uma imagem sintética do dualismo entre diferenciação e unificação, variedade e unidade, exterioridade e interioridade, diversidade e concentração. É a exposição plástica, visual, da luta suprema entre a ordem e o desejo final de unidade e retorno à condensação original do inespacial e atemporal, o centro.

A mandala, nos sonhos e visões, corresponde aos mais primários símbolos religiosos da humanidade, encontrados desde o paleolítico, em rochas gravadas na Rodésia. A mandala cumpre a função de ajudar o ser humano a aglutinar o disperso em torno de um eixo (Cirlot, 1984).

Quando uma pessoa alimenta ilusões a respeito de sua morte iminente e não tem consciência de que ela se aproxima, os sonhos podem apresentar o tema do relógio (Von Franz, 1995). Era um relógio-cuco, que lembra a cada hora o tempo que passou. Por intermédio do canto monocórdio do cuco, anuncia-se o tempo que se extingue.

Eliza segurava o pêndulo do relógio fortemente nas mãos. Com isso, ela segura e detém o tempo com as mãos, pois, sem a oscilação do pêndulo, o relógio pára. O material, um cristal muito brilhante, transparente, com muitos reflexos, nos remete ao embrião (o cristal) que nasce da terra, da rocha e também aos xamãs de Dayaks, que usavam a pedra-luz, pedaço do trono celeste, como instrumento de clarividência, para refletir tudo o que acontece à alma doente, que se encontra perdida. Também entre o povo Negritos, o curandeiro via a doença (*é meu câncer*) dentro do cristal, considerado a habitação dos espíritos que mostram a doença (Chevalier, 1982).

A transparência é símbolo da união dos contrários, pois é um material que permite ver através dele, como se não fosse material, e representa o plano intermediário entre o visível e o invisível, além de ser o símbolo da divindade, da sabedoria e dos poderes misteriosos concedidos ao homem.

Para os cristãos, a luz que penetra no cristal simboliza Maria, a Imaculada Conceição (o cristal) e seu filho (a luz celeste), que penetra e passa através do cristal, projetando reflexos, sem quebrá-lo (Chevalier, 1982).

Durante a visualização do "castelo interno", Luiza subiu ao topo, ao nível mais alto do castelo, onde se encontravam as três prisões. Na primeira, estava a mãe falecida e, ao sair da cela, o local iluminou-se. A luz simboliza o despertar da nova consciência e da nova vida (Von Franz, 1995).

Na segunda, estava a primeira professora, a "mãe terrível" (*ela machucou a minha ferida aberta, fazendo doer muito*). Essa figura é a réplica complementar da *Pietà*, ou seja, não só a morte, mas também o aspecto cruel da natureza, sua indiferença à dor humana (Cirlot, 1984). Luiza abriu a porta e, após a saída da professora, o lugar ficou iluminado também, significando a manifestação da força criadora (Cirlot, 1984), a expressão de uma consciência mais elevada da libertação (Jaffé, 1995). Na terceira, estavam o falecido tio amado e os dois ex-maridos que a abandonaram. Depois de saírem da cela, esta também ficou iluminada.

De acordo com Rohn (1995: 65), a intensidade dos aspectos luminosos seria *um sinal de que a alma se ergue até uma dimensão fora do tempo e do espaço*. A luminosidade simboliza o primeiro aspecto do mundo informal, a saída das trevas nos rituais de iniciação, a volta à origem, que se pode exprimir pela resolução da dualidade e pela reconstituição da unidade primeira (Chevalier, 1982).

O reencontro com os mortos queridos simboliza a individuação, a recomposição das unidades da alma, que até então haviam sido projetadas nas pessoas amadas e é *essa composição que aproxima o homem da meta da individuação, da totalidade* (Jaffé, 1995: 18).

Pude constatar como o material simbólico apresentado no sonho e na visualização é importante para o restabelecimento da Unidade Perdida, estudada por Rohn (1995: 68):

> *As imagens consteladas apontam, sem exceção, para símbolos associativos que – através da simbologia dos sonhos – possam ter um sentido de liberdade, devido à repetição das oposições. Essas imagens sempre lançam novas pontes, repetitivas, entre os opostos: entre o "corpo físico e o Raio Luminoso", entre o "Aqui e o Além".*

Terceira Paciente – Augusta

Eu não fecho os olhos... Não durmo... Só sei que durmo se sonho. Os sonhos é que me mostram se dormi (Augusta, 8/2000).

Quando cheguei ao hospital, perguntei pela Augusta, a paciente a quem iria atender. A enfermeira-chefe informou-me a respeito do quadro da doença e ela avisou-me que se tratava de uma pessoa muito idosa, mas que eu poderia tentar...

Entrei no quarto e encontrei uma senhora de sorriso largo e simpático, que me recebeu com muita satisfação. Estava acompanhada pelo marido, um velhinho encarquilhado, magrinho, que custou a entender quem eu era, porque era um "pouquinho surdo". Perguntei-lhe se não queria aproveitar para sair, tomar um café, descansar ou andar um pouco enquanto eu estivesse conversando com a esposa, mas ele recusou-se veementemente:

– *Não, senhora, eu fico aqui, junto dela, sentado.*

Expliquei à paciente meu trabalho e seu desenvolvimento, que consistia em conversarmos a respeito de sua vida, doença, família e de seus sentimentos e perguntei se a presença do marido não seria constrangedora. Ela levantou os ombros, as sobrancelhas, fez um muxoxo com a boca, demonstrando que não queria a presença dele, mas estava impotente.

Tentei, mais uma vez, argumentar com o Sr. Manuel que se tratava da intimidade da esposa e sua presença poderia deixá-la acanhada. Quando acabei meu repertório, o Sr. Manuel respondeu-me de forma clara e curta:

– *Não, eu vou ficar aqui, sentado.*

A situação era inusitada: um quadro médico muito grave, diante do qual eu tinha pouco tempo disponível, um marido irredutível e uma paciente me pedindo para ficar com ela e conversar. Decidi, então, iniciar meu primeiro atendimento, sob a rígida e atenta observação do cônjuge, do qual resolvi me abstrair e pedi à paciente que me falasse a seu respeito.

Augusta contou ser portuguesa, ter 85 anos, oito filhos e catorze netos. Muito católica, morava numa cidadezinha do interior, onde sempre havia trabalhado na terra. Seus pais faleceram há muito tempo, assim como os seis irmãos (ela era a caçula). Quanto à doença, contou, com um estranho orgulho, que no ano anterior sentira dor no seio direito e localizou um nódulo de grande dimensão. Depois de muitos meses, ela foi ao médico, na capital, sendo imediatamente encaminhada para uma mastectomia radical. Após seis meses, o outro seio também foi extirpado. Fazia três dias que estava internada por sentir falta de ar e uma severa dor de cabeça. Aguardava uma operação para daí a poucos dias, quando sua hipertensão arterial se regularizasse.

O médico me disse que a paciente estava com um tumor no cérebro e metástase nos pulmões, ossos, fígado e útero.

Nessa primeira sessão, apesar de falar devagar, percebi que ela se sentia desconfortável, passando a mão no peito, e sua respiração estava entrecortada. Propus um relaxamento e expliquei o processo. Ela aceitou, mas quando pedi para fechar os olhos, disse:

– Eu faço isso de olho aberto mesmo.

Percebi seu medo e deixei que ficasse como quisesse, sem comentar nada. Trabalhei a respiração, levando-a a um ritmo uniforme e suave. Perguntei se queria minha mão em seu peito para ajudar a melhorar o ritmo respiratório. Ela concordou. Após 20 minutos, a respiração estava num ritmo tranqüilo. Deixei-a desperta, com um meio sorriso de prazer, depois de uma hora e meia de sessão.

No dia seguinte, uma manhã de terça-feira do mês de agosto, cheguei para a segunda sessão. Fui recebida por Augusta com um grande sorriso. O marido comentou:

– Ela gostou de ontem. Fez bem para ela.

Perguntei a Augusta se havia dormido bem, ao que ela respondeu:

– Eu não fecho os olhos... Não durmo... Só sei que durmo se sonho. Os sonhos é que me mostram se dormi.

Indaguei se ela havia sonhado naquela noite e se queria contar-me o sonho. Sim, queria:

> *– Tive um sonho lindo, com meus pais e meus seis irmãos que já morreram. Eu estava andando numa estrada, poeirenta, de terra vermelha e fina. Andava, andava e já estava cansada, estava entardecendo e era quase noitinha. Fiquei com medo, porque estava sozinha e estava escurecendo. Aí vi, no fim da estrada, bem lá no fim, uma casinha iluminada. Fiquei esperançosa e apertei o passo para chegar logo na casa. Quando cheguei na casinha com luz, que surpresa! Minha mãe está em pé, na soleira da porta aberta, me esperando de braços abertos. Comovida, abracei minha mãe e disse para ela: "Mãe, há quanto tempo! Que saudades!" Minha mãe, em silêncio, me fez entrar na casa, fechou a porta e me levou para dentro da sala. Minha surpresa foi maior ainda quando vi meu pai e meus seis irmãos sentados em volta de uma mesa de madeira redonda. Todos me esperavam. Fiquei muito emocionada e sabia que era para eu me sentar na cadeira vazia, que é minha, me esperando. Ninguém falou nada, mas eu senti muita felicidade e todos me olhavam com amor. A casa estava quentinha, o fogo do fogão de lenha aquece. Vejo então minha mãe trazendo um pão que ela acabou de fazer para minha chegada. Ela põe o pão redondo no centro da mesa. O pão vai ser repartido entre todos nós. A primeira que foi servida do pão fui eu.*

As lágrimas escorriam pelo rosto de Augusta. Ela mantinha um olhar distante, como se ainda estivesse na cena. Aguardo em silêncio sua volta e, após dez minutos, ela murmura:

– *O pão que minha mãe fazia... eu gostava tanto...*

Quando percebo que ela pode me escutar, pergunto o que o sonho lhe havia mostrado. Ela permaneceu em absoluto silêncio, olhos abertos, olhar vago, as lágrimas escorrendo e, após oito minutos, disse:

– *Se eles estão me esperando lá, eu estou calma, isto vai ser muito, muito bom.*

Dou por encerrada essa sessão de uma hora, pois percebo que Augusta precisa entrar em contato com suas crenças e com os conteúdos profundos de sua psique. O Sr. Manuel dorme e eu saí sem quebrar o momento.

Nas duas sessões, quando Augusta foi categórica em afirmar que não fechava os olhos e não dormia, transmitia sua forma simbólica de manter a morte afastada: com os olhos abertos, arregalados, com um olhar de enfrentamento e defesa. Essa “defesa” estava bem “construída” e ela, tranqüila. Respeitei-a. Seu rosto assemelhava-se às máscaras usadas por ancestrais, nos ritos de passagem para a morte e renascimento.

O povo Pachacamac, da costa central do Peru, colocava nos seus defuntos uma falsa cabeça, uma máscara esculpida em madeira, com os olhos pintados e abertos. A expressão da máscara era de firmeza, enfrentamento, olhos arregalados de alerta, simbolizando a proteção ao morto durante a viagem para a outra vida.

No relato do primeiro sonho, quando contou que estava andando numa estrada, observei a recorrência dos sonhos próximos da morte, quando o paciente atravessa um rio ou mar, faz uma viagem ou anda por uma estrada. Esse tipo de sonho sempre parece indicar o fim do caminho da vida e a proximidade da morte. Ela não fecha os olhos e fica com medo quando escurece e a escuridão é o símbolo da ausência, é sentida como o aspecto frio, negativo, associado às trevas primordiais, à indiferenciação original. O escuro está instalado no fim do mundo e exprime a passividade absoluta, a morte, o silêncio eterno (Chevalier, 1982).

No fim do caminho, Augusta avista uma casa iluminada e sua mãe, na soleira da porta aberta, está a sua espera. A casa é um símbolo feminino, que tem o sentido de refúgio, de mãe, de seio maternal, de proteção. A casa iluminada, em relação ao fim da estrada escura, pode simbolizar o conhecimento, os valores complementares e alternantes da evolução, pois a luz sucede as trevas tanto na ordem da manifestação cósmica como na iluminação interior (Chevalier, 1982).

Pelo conteúdo simbólico desse primeiro sonho, conhecemos as crenças de Augusta em relação à morte. A volta para a mãe poderia significar o desejo de renascer para a eternidade e a mãe está com a porta aberta e a faz entrar na casa. A porta, símbolo feminino, tem o significado do buraco que permite a passagem (Cirlot, 1984) entre dois estados, dois mundos, entre o conhecido e o desconhecido.

O pai e os seis irmãos estavam sentados ao redor de uma mesa redonda, um símbolo que anuncia a iminência da chegada ao centro da totalidade (Chevalier, 1982). O círculo, diagrama de rituais, acha-se em concreta correspondência com um atributo divino determinado. No Oriente, tem a finalidade de servir como instrumento de contemplação. Para Jung, provém de sonhos e visões correspondentes aos mais primários símbolos religiosos da humanidade, encontrados desde o paleolítico (nas rochas gravadas na Rodésia). É uma expressão da psique e, em particular, do *Self*, uma imagem arquetípica do potencial mais pleno do homem e a unidade da personalidade, e, de acordo com Jung, é a circunferência total que abrange tanto o consciente como o inconsciente, é o centro dessa totalidade (Cirlot, 1984), à qual *a alma se recolhe após a morte* (Von Franz, 1995: 59).

O pão é a presença simbólica de Deus, do alimento espiritual (Chevalier, 1982); e, colocado no centro da mesa, simboliza a essência do *Self*. Em termos psicológicos, Jung postulava a realidade de uma imagem de Deus como um símbolo unificador e transcendente, capaz de reunir fragmentos psíquicos heterogêneos ou unir opostos polarizados. Como qualquer imagem, é um produto psíquico, distinto do objeto que ela tenta representar e para o qual aponta. A “imagem” de Deus é uma imagem de totalidade, valor máximo e dominante, supremo na hierarquia psíquica, imediatamente relacionada ao *Self*, por ser idêntica a ele e corresponder a um complexo definido de fatos psicológicos. Mas, o que Deus é, em si mesmo, permanece uma questão fora da competência de toda a psicologia (Samuels, 1998).

São oito à mesa: os pais e os seis irmãos. Na simbologia numérica, o 8 é o número da atemporalidade e da eternidade. De acordo com Santo Agostinho, depois dos sete dias da criação, veio o oito, *o que já não tem mais entardecer* (Sermões IX, 6). Na alquimia, o 8 é o número da perfeição. Quando se inverte o 8, temos o α, a marca do infinito (Jaffé, 1995). Quando o oitavo dia sucede o sexto dia da criação e o sabá (dia de descanso religioso entre os judeus e sétimo dia da semana, contado a partir de domingo), ele é o símbolo da ressurreição, da transfiguração, anunciando a eternidade, e comporta a ressurreição de Cristo e a do homem. O número 8 corresponde ao Novo Testamento, que anuncia a felicidade do futuro num outro mundo.

O pão repartido entre todos parece simbolizar o momento da última ceia, quando o pão foi repartido por Cristo e distribuído entre todos: *Tomem e comam. Isto é o meu corpo. Eu sou o pão da vida. Quem come deste pão nunca mais terá fome* (Mateus, 26. *Bíblia Sagrada*). A comunhão mística de ressurreição, o pão da imortalidade, o ato místico da devoração do próprio Deus. Esse ritual cristão primitivo está presente nas analogias mais elementares e mais profundas de morte-renascimento (Morin, 1997).

A casa aquecida pelo fogo é o símbolo da transmutação da morte em ressurreição. O calor do fogo utilizado na matéria eleva o nível de energia das partículas. A lenha queimando, aquecendo a casa, simboliza o processo de desencarnação da alma na morte.

Continuando com as sessões, na quarta-feira encontrei Augusta com muita dor no peito e nas pernas. O marido contou que ela havia passado a noite gemendo. Soube por ela que não andava mais, pois as pernas não tinham mais força e há muito tempo usava cadeira de rodas. O relato do sofrimento veio acompanhado de um tom que denotava algo muito bom e esperado. Ao lhe perguntar se fazia fisioterapia, respondeu que nunca havia feito. Ofereci-me para lhe fazer uma massagem nas pernas e no peito, conforme os preceitos de Sandor (1960). Ela sentiu certo alívio satisfatório e lutou para não dormir. Emocionada, disse:

– Nunca ninguém teve coragem de tocar nos meus pés. Como é bom!

Na sexta-feira, encontrei-a muito feliz e disposta a falar do sonho. Contou que tivera uma infância dura, mas feliz. A mãe era bondosa e suave, e o pai, autoritário e rígido. Com os olhos brilhantes, relembrou o ritual do pão de sua mãe. Neste ponto o marido interferiu, dizendo que ela também sabia fazer aquele pão. Ela retrucou que o da mãe era diferente e deu o assunto por encerrado. Os irmãos homens eram muito protetores e bravos e ela tinha medo deles, ao passo que a irmã era sua companheira. Augusta demonstrou segurança e animação ao retomar a descrição do sonho.

Na quarta sessão, entrei no quarto, falei com o marido que estava sentado em seu posto, e Augusta, aflita, queria me contar um sonho:

> *– Eu sonhei com o seu José, um amigo meu que já morreu, era nosso vizinho. Eu tinha ido para a reunião na casa dele. Um dia por semana, ele lia o Evangelho para os vizinhos. Depois ele falava umas coisas muito bonitas de Jesus e das histórias. Eu gostava muito, mas, nesse dia, o seu José, na frente de todos os vizinhos, ficou muito bravo comigo. Gritou, ficou vermelho de tanta raiva de mim, e disse: "Você não tomou o seu remédio, tinha de tomar". Eu fiquei com muito medo. Ele foi muito violento comigo, dizendo que o remédio era para ser tomado e eu tinha desobedecido.*

Quando encerrou o relato, pedi para ela me falar a respeito de seu José, mas ela estava muito confusa com o sonho, pois seu José era uma pessoa muito bondosa, calma, sempre falava baixo e ela sabia que ele gostava dela. Ele era como um pai, muito bom e compreensivo. Quanto ao remédio, era verdade. Ninguém sabia, mas ela de fato havia parado de tomar os medicamentos receitados. Sentia-se assustada com o sonho e envergonhada por não ter tomado os remédios.

Perguntei o que ela havia entendido a respeito do sonho. Após cinco minutos, começou a falar do pai e dos irmãos, contou casos da infância e adolescência, durante os quais eles tinham ficado bravos, mas nada comparável à "violência" de seu José no sonho.

O José é visto no sonho como o símbolo do *pai terrível* – Crono – que, na mitologia grega, é o senhor do mundo, um tirano que, ao saber que poderia ser destronado por um dos filhos, passou a engoli-los assim que nasciam. Para se vingar de seu pai, Urano cortou-lhe os testículos com uma foice (Brandão, 1995).

O *pai terrível*, dominador e castrador é uma representação de todas as figuras autoritárias: patrão, protetor, professor e Deus. Desencoraja os esforços de emancipação e exerce uma influência que priva, limita; é a consciência diante dos impulsos instintivos, espontâneos e inconscientes, mantendo-os sob sua dependência (Chevalier, 1982), pois representa o mundo dos mandamentos e das proibições morais (Cirlot, 1984).

O medo dessas figura terrível, apresentada simbolicamente no vizinho José, parecia tirar o controle de Augusta, que queria entender, mas não conseguia, o que a deixava alterada. Nesse momento, observei seu constrangimento pela presença do marido. Para resguardar sua intimidade mais profunda, encerrei a sessão.

Na sexta sessão, uma segunda-feira, conheci uma Augusta deprimida. Quando perguntei como estava, ela respondeu:

– Estou desanimada, muito triste. Não sei mais o que fazer da minha vida. Eu já vivi tanto, sempre lutei para ser boa, fazer tudo direitinho, mas eu nunca consegui. Eu sei que não sou boa o suficiente.

Quis saber por que ela não se achava boa o suficiente, e ela contou:

– Eu não tive coragem de lhe contar ainda, porque dói muito, é um sofrimento muito grande. Eu tenho um filho louco, é horrível. Ele sai nu na rua, faz coisas terríveis, a polícia pega ele e leva para o manicômio. Aí ele fica lá um pouco, depois mandam ele de volta para casa. Depois de uns dias, ele foge nu de novo.

Nesse momento, o Sr. Manuel levanta-se agitado, olhos apavorados, e começa a falar do filho, do que ele faz, o que os outros contam, e demonstra ter medo do filho. Augusta começa a chorar humildemente, baixinho, falando ter sido castigo de Deus, porque ela não havia sido boa o suficiente.

Peço a ela para pensar, durante a sessão. Tento esclarecer a "real" história de seu sofrimento pelo filho louco. Encerro, pois não devo deixar o trabalho terapêutico se aprofundar, ainda mais com o marido alerta em seu posto.

O sentimento de culpa é atormentador, torturante. Está mesclado à vergonha e ao medo de punição (Kast, 1997). O filho louco saía nu, o que significa que vivia à margem de toda ordem e de todo sistema (Cirlot, 1984). A nudez é o símbolo do pecado original, da pobreza, da fraqueza espiritual. A nudez é a vergonha (Chevalier, 1982). Esses elementos desencadearam em Augusta o sentimento de culpa expressa, de pesar ou raiva por não ser tão ideal, tão boa quanto queria ser, o que leva à desintegração, ao dilaceramento, ao sofrimento por problemas de identidade.

Na dinâmica intrapsíquica, existe uma luta (Kast, 1997) constituída de um ataque a si mesmo e, ao mesmo tempo, a sensação de ser a vítima desse mesmo ataque. Surge, então, um conflito entre agressor e vítima. O agressor acusa: "Você não é boa o suficiente", e a vítima concorda: "Eu mereço o castigo".

Na sétima sessão, na quarta-feira, a paciente estava séria, parecendo desapontada. Disse ter um sonho muito importante para contar, sem me olhar nos olhos:

> – *Eu cheguei numa fazenda muito grande e me dirigi para uma enorme plantação de palmeiras. Eram todas iguais, plantadas bem arrumadinhas, uma ao lado da outra e outra na frente, e assim por diante. Era lindo, muito lindo, ver as árvores verdinhas, todas muito bem cuidadas. Aí vi o dono, que estava cuidando das palmeiras. Cumprimentei o jardineiro, que mal me responde. Eu elogio aquelas árvores maravilhosas e digo para o jardineiro: "O senhor me dá uma árvore dessas?". Ele olha para mim com uma cara furiosa, e com muita raiva responde gritando: "Não, vá embora". Eu insisto, dizendo que ele tem tantas árvores e eu só queria uma. Eu queria tanto uma só árvore para mim!*

Depois do relato do sonho, ela chorou por muito tempo. Permaneci em silêncio a seu lado. Subitamente, ela olha para mim, como se implorasse a alguém:

– *Eu queria só uma árvore, só uma e ele não me deu... era só uma que eu tinha pedido.*

Ela chorou baixinho, parecendo uma criança acuada, abandonada, que foi privada de algo que queria muito e lhe foi negado injustamente pelo cruel dono da fazenda.

Fiquei sentada em silêncio, segurando sua mão, e pedi-lhe que entrasse em contato com o jardineiro, dono das palmeiras. De olhos abertos, ela mesma parecia já estar dentro da realidade psíquica do sonho. Passei a usar o *toque terapêutico*, por ser uma técnica que apresenta resultados satisfatórios para o paciente relaxar e reduzir a dor, apesar de permanecer de olhos abertos.

Os *toques terapêuticos* foram aplicados na cabeça, testa, peito e diafragma. Concomitantemente, eu dizia frases curtas, para induzi-la a entrar, cada vez mais, em contato consigo mesma. Quando percebi que poderia deixá-la, saí em silêncio, para não tirá-la desse estado e pedi ao marido que não falasse, nem fizesse barulho e não deixasse ninguém entrar no quarto e explicasse que havia sido um pedido meu, pois a equipe que cuidava de Augusta estava ciente de meu trabalho.

Nos sonhos, a árvore é um dos símbolos mais potentes. É a encarnação da vida, a ligação entre o reino dos céus, da terra e da água, o eixo em torno do qual se organiza o universo inteiro. É o símbolo da individuação, ou seja, do contínuo crescimento interior em direção a uma consciência superior, durante o qual novas luzes são vistas. É também o símbolo da misteriosa relação entre vida e morte (Von Franz, 1995). Para os povos antigos, a árvore continha a energia criativa divina.

A floresta de palmeiras é o símbolo do inconsciente, no qual existem segredos para serem descobertos e sombrias emoções e memórias para serem confrontadas. Esse tipo de árvore, segundo os persas, é o símbolo da terra celestial (Cirlot, 1984). Suas folhas, as palmas – de Ramos – preconizam a Ressurreição de Cristo e a passagem do drama do Calvário (Chevalier, 1982). Quando a folha é muito verde (como em seu sonho), temos o símbolo universal da imortalidade, reassegurando a transformação e a continuidade da existência (Fontana, 1993).

Augusta parecia estar perdida à sombra de Deus, no sofrimento insondável da escuridão, da qual toda esperança havia sido excluída. Para ela, a loucura do filho era um castigo de Deus; com a desobeência em tomar o remédio, foi condenada pelo pregador; e a negação a seu pedido de ter uma palmeira era uma resposta por não ter sido boa o suficiente. Esse encontro com o *Self* sombrio (a sombra de Deus) liga-se à morte, à destruição e à loucura (O'Kane, 1999).

Na visita seguinte que fiz, ela estava muito feliz e alegre, pois era seu 85º aniversário e à tarde viriam todos os filhos, netos e família. No dia seguinte ela foi operada do tumor no cérebro e permaneceu sedada durante uma semana na UTI.

Oitava sessão, quarta-feira. Augusta estava bem, sem pressão na cabeça. Sorrindo, disse ter tido um sonho muito bonito para contar e o fez com o prazer estampado no rosto:

> – *Eu estava toda vestida de branco. A fazenda da roupa era fininha e transparente. E eu voava. Meu corpo leve, leve e retinho, de frente. Peito e barriga de frente para a terra. Era o mundo. Eu voava e via na terra todas as sementes que eu plantei na minha vida. As que cresceram, morreram. Eu vi todos os canteiros de flores que plantei.*

Terminou o relato muito emocionada. Disse compreender o que o sonho simbolizava e estava feliz por tudo o que fez na vida. Trabalhara a terra, semeara, esperara e colhera. Falou muito do prazer pela leveza do corpo, pela mobilidade, depois de tanto tempo na cadeira de rodas, e me contou que o médico permitira que voltasse para casa, pois sentia-se muito melhor.

Augusta passou dez dias em casa. Retornou ao hospital, onde faleceu dois dias depois.

Passo à análise do último sonho relatado, no qual ela voava em vestes brancas e transparentes.

Plutarco (séc. II d.C.) registrou que as almas dos mortos são envoltas em uma película fina como o luar. E o branco simboliza o momento transitório daquele que vai mudar de condição: é a cor dos rituais de passagem – morte e renascimento. O ato de voar exprime um desejo de sublimação, de busca por uma harmonia interior, de ultrapassar os conflitos (Chevalier, 1982).

Augusta via os grãos semeados por ela para uma nova vida, assim como os mortos que renascerão. Os canteiros de flores, símbolos da perfeição, são o elixir da vida. Quando florescem, simbolizam o retorno ao centro, à unidade, ao estado primordial. A flor é o desenvolvimento do ciclo vital e de sua característica efêmera, assim como é a instabilidade essencial da criatura (Chevalier, 1982). Portanto, é a figura arquetípica da alma, do centro espiritual (Von Franz, 1995).

Em Augusta, a função do câncer era consumir o corpo até extingui-lo. A imolação da vítima sacrificada cumpriria seu papel de expiação de pecados e a prepararia para a morte. Ela desconsiderava o sofrimento da doença em si, permanecendo tranqüila, sem alterar-se com os sintomas. Nas treze horas e meia de psicoterapia, distribuídas em oito sessões, não conseguiu nomear nenhum de seus pecados.

A imagem do *pai terrível* não tinha origem nas experiências reais com seu pai pessoal, mas pareciam pertencer ao coletivo e à constelação de várias idéias que se constituíam em seu complexo de pai. Assim, o câncer parecia ter como origem o complexo de pai.

No final, a paciente pareceu demonstrar ter obtido as respostas para seus problemas angustiantes, com o auxílio de sua própria psique.

Quarto Paciente – Joel

É um calvário o que estou passando (11/1994).

Fui chamada pela família para atender a esse paciente com o diagnóstico de leucemia aguda linfoblástica. Quando cheguei ao hospital, tive de usar máscara e avental cirúrgicos, porque ele estava com a resistência baixa causada pelos imunodepressores.

Joel era um homem jovem, de 31 anos, compleição atlética, pele muito branca, olhos azuis opacos, deprimido, parecendo meio alheio ao que estava acontecendo. Contou que era casado, pai de quatro filhos, dos quais dois eram gêmeos, e que tinha nascido numa pequena cidade próxima a Madri. Era médico patologista e tinha vindo ao Brasil a convite de uma multinacional, para fazer pesquisas.

Havia um encadeamento de informações, como se estivesse respondendo às perguntas de uma anamnese imaginária, porque eu nada lhe perguntara.

Continuou contando de seus familiares: seus pais moravam na Espanha e seu pai havia chegado naquele dia. Tinha sete irmãos: cinco homens e duas mulheres. Ele era o mais novo. Uma das irmãs teve câncer no útero. Sua avó materna morrera de câncer de mama. Um tio, irmão de seu pai, morrera de câncer de intestino. Toda a família tinha uma expressiva característica depressiva e um dos irmãos passou por episódios de tentativa de suicídio.

Encerradas as informações, eu pude, finalmente, perguntar algo:

– *O que aconteceu?*

Ele ficou com o rosto muito branco, indicando forte descarga de adrenalina, e suas mãos começaram a tremer. Respondeu que era esportista e fazia pouco mais de um mês quando começou a sentir cansaço ao se exercitar. Achou que o excesso de trabalho causara uma estafa, mas há cinco dias, no domingo, durante o jogo de futebol do qual participava, sentiu-se desfalecer e foi levado ao hospital. Passou por vários exames e o diagnóstico foi feito. Nesse momento, seus olhos ficaram vazios e, sem demonstrar emoção alguma, disse:

> – *Estou em estado de choque. Não consigo entender o que está me acontecendo. Tenho quatro filhos pequenos, uma esposa que adoro, um futuro profissional promissor e sou muito jovem ainda. Tenho a vida por viver. Eu não quero morrer e não vou morrer. Por isso pedi para chamarem você, quando me falaram do seu trabalho. Você me ajuda a lutar?*

Marcamos a primeira sessão em meu consultório, quando ele saísse do hospital. Encerrei esse primeiro encontro. O pai dele me aguardava fora do quarto para conversarmos. Muito deprimido, perguntou-me como estava o filho, ao que respondi que queria viver e lutar para se curar. Muito formal e educadamente, murmurou de cabeça baixa que não havia a mínima chance para ele. Tentei argumentar que havia esperança e que tive pacientes que escaparam com vida depois de um transplante de medula. Ele ouviu polidamente e encerrou o assunto dizendo:

– *Sou médico, portanto, sei o que digo. Esta leucemia é caso encerrado.*

Verifiquei que seria impossível prosseguir com a conversa.

Dez dias depois, Joel chegou para a primeira sessão. Estava deprimido, pálido, mais magro, corpo encurvado, mas disposto para a psicoterapia.

A primeira parte do processo terapêutico durou um ano. Eram duas sessões semanais de 60 minutos cada. À medida que foram surgindo diversos sintomas difíceis de suportar, ele pediu para aumentar a duração e o número de sessões semanais. Passamos para três sessões semanais com duas horas de duração cada.

A leucemia linfoblástica aguda é uma doença relativamente rara e seus sintomas, que decorrem da falência da medula óssea e do envolvimento extramedular da leucemia, são: fadiga, palidez, letargia, anemia, leucocitose, plaquetopenia, púrpuras, febre e dor óssea por erosão óssea ou envolvimento leucêmico. Esses sintomas foram surgindo em Joel durante o desenvolvimento do trabalho psicoterapêutico.

Pelo período de um ano e nove meses, Joel foi atendido por mim no consultório e, no hospital, nos períodos em que permanecia internado. Em 1995, foi indicado um transplante de medula óssea, alogênico, o que significa que utilizariam como doador o irmão haploidêntico.

Joel permaneceu em isolamento durante 30 dias e reagiu satisfatoriamente ao transplante. Voltou para casa muito animado e restabeleceu seu cotidiano de trabalho. Esse quadro manteve-se por cerca de um mês. Durante um almoço com amigos, passou mal, apresentando um quadro gastrointestinal severo, e foi levado ao hospital. Feitos os exames, transferiram-no a um quarto de isolamento da UTI do Hospital Israelita Albert Einstein.

Ele telefonou-me para pedir que o atendesse com urgência. Procurei o médico-chefe da equipe de transplante, para inteirar-me de seu estado. Soube que havia a mais grave complicação do TMO alogênico: a DECH aguda, que pode ocorrer durante os 100 dias seguintes ao transplante e caracteriza-se pelo comprometimento do trato gastrointestinal, da pele e do fígado. Joel era rigorosamente monitorado e iniciou-se uma nova etapa de tratamentos.

Encontrei-o em estado precário, com cólicas abdominais, agitado, respiração ofegante, e com muito medo. O primeiro passo foi ajudá-lo a restabelecer um ritmo calmo de respiração. Ele respondeu rapidamente ao exercício, pois estava habituado pela terapia que fizera comigo. Aos poucos, foi se tranqüilizando e pude fazê-lo relaxar com o *corpo técnico combinado*. Para aliviar as cólicas abdominais, trabalhamos com a visualização criada a partir de imagens espontâneas surgidas em sua imaginação, para desfazer as dores. Encerrei essa primeira sessão quando ele adormeceu.

No dia seguinte, ele estava mais debilitado pelas cólicas e náuseas. Ao iniciarmos essa segunda sessão, avisou-me que seu pai chegaria ao Brasil para cuidar dele. Subitamente, animou-se e disse que tivera um sonho muito bom naquela noite:

– Eu corria por campos verdes, acompanhando cavalos brancos e pretos. A minha velocidade era incrível quando seguia os cavalos galopando.

Após o relato do sonho, perguntei o significado para ele. Sua resposta:

– Espaço aberto sem fim. Liberdade para correr por onde quero. Muita força. Os cavalos faziam-me sentir o corpo forte, saudável.

Campos são símbolos de espaços e possibilidades abertas. "O Senhor dos Grandes Campos" é o Deus salvador *Mitra*, de origem iraniana (Brandão, 1996), vencedor invencível, nascido de um rochedo, garante a seus seguidores o acesso à mansão de luz eterna (Cirlot, 1984).

Para muitos povos, o cavalo aparece associado, originalmente, às trevas do mundo ctônico e, quando surgiam galopando, simbolizariam o sangue das veias, das entranhas da terra (Chevalier, 1982). Na Grécia, o cavalo simbolizava o morto no reino dos espíritos imortais. O cavalo conduz seu cavaleiro nas viagens para outros mundos, onde ele aprende os grandes segredos da vida, da morte e da magia, tornando-se apto a voltar à terra dotado de sabedoria divina. Nos funerais militares das antigas tradições pagãs, o cavalo do morto ia na frente do cortejo fúnebre, porque acreditava-se que ele conduziria o dono ao mundo dos mortos. Quando conduz o cavaleiro ao outro mundo, o cavalo pode atuar como um símbolo de função transcendente, como um elo entre o ego e o inconsciente (Ramos, 1999).

Em determinadas culturas, como a inglesa e a alemã, o cavalo branco pode ser um presságio de morte, quando relacionado ao cavalo branco do Apocalipse. O branco seria o resultado da palidez, associado à frieza e à ausência de cor, à "não-vida". Como soma de todas as cores, é a expressão da pulsão instintiva, que transcende rumo à espiritual (Ramos, 1999). O cavalo preto simboliza vida e morte (Cirlot, 1984). Várias crenças afirmam que a morte monta um cavalo preto e que sonhar com ele é mau presságio (Ramos, 1999).

Joel pediu que colassem pôsteres de cavalos brancos e pretos cavalgando em campos verdes, na frente de sua cama. Uma de suas irmãs atendeu o pedido. Propus uma visualização quando estivesse deprimido e sozinho: "entrar" na figura da cavalgada, como se estivesse sonhando de novo. Depois desse exercício, ele sentiu-se mais tranqüilo.

Na terceira sessão, o paciente contou oscilar entre uma grande ansiedade e uma grande agressividade contra tudo e todos. Trabalhamos, então, a "raiva", o que o levou a refletir que sabia ser admirado e amado. Ele mesmo reconhecia ser bom e generoso e entrar em contato com seu lado sombrio foi muito penoso. Percebeu que estava com raiva e inveja de todas as pessoas que amava, por estarem com saúde e energia, inclusive de mim. Pediu para que não o atendesse enquanto não me chamasse. Deixei-o com seu lado sombrio.

Após quatro dias, ele me telefonou e tivemos nossa quarta sessão. Encontrei-o muito mal. A infecção intestinal havia se agravado e ele mesmo informou-me da seriedade da infecção pulmonar. Estava muito mais magro, os ossos à mostra, manchas vermelhas na pele e muito deprimido. Disse que tinha um sonho recorrente desde sua entrada na UTI, mas não quis relatá-lo, pois queria esquecê-lo. No entanto, como o sonho permanecia, precisava falar, porque durante o dia, quando se encontrava em estado meio sonolento (*day dream*), sentia-se "perseguido" pelo mesmo sonho.

Quando se propôs a falar do sonho, apresentou reações somáticas sincronicamente às emoções. A voz tornou-se muito baixa, difícil de ouvir, e precisei aproximar-me dele. Gotas de suor apareciam na testa, os olhos arregalados e fixos pareciam-lhe vidrados, desligados da realidade externa do quarto e em contato com imagens internas. O rosto exangue, contraído, as feições deformadas, a boca seca (lábios e língua grudavam), corpo gelado e "petrificado". Esses sintomas foram simultâneos ao relato:

– Estou em pé, no cais de um porto. Diante de mim, um imenso navio. Metade do navio é preto e a outra metade é branca. As cores se apresentam no sonho no sentido horizontal do navio. Existe uma guirlanda de flores roxas do lado direito. Não há ninguém no navio. Está completamente vazio. O silêncio é tenebroso. Estou totalmente sozinho.

Enquanto falava, sentia fortes dores no peito, na cabeça e uma aguda falta de ar. Agitado, disse estar com muito medo desse sonho, porque o remetia ao dia do naufrágio do pai, que havia sido dado como morto durante dois meses. Ele tinha sete anos na época, mas desde então tinha muito medo de navio, de mar e da solidão.

O sonho remete à imagem universal da figura do barqueiro Caronte, da mitologia grega, que transportava as almas em sua barca, pelos pântanos do rio Estige até a outra margem, onde ficava o reino de Hades, o mundo subterrâneo dos mortos. Caronte dirige a barca fúnebre, mas não rema. São as almas que desempenham esse ofício. Ele é um velho feio, magro, mas extremamente vigoroso, de barba hirsuta e grisalha, coberto com um manto sujo e roto, e um chapéu redondo. Ele é o gênio (*daimon*) da morte, que mata quem está para morrer e o arrasta para o mundo subterrâneo. Para os etruscos, é o demônio da morte (Grimal, 1997), simbolizando a última viagem (Cirlot, 1984).

Joel tinha o terror estampado na fisionomia ao descrever o sonho, com medo de estar diante da "barca de Caronte", que o esperava para atravessar o rio em direção do mundo subterrâneo dos mortos. Em pé diante do navio e das águas do mar, ele parecia simbolizar a imagem do Ego observando a fronteira entre a vida e a morte. Sentia medo pela desintegração do ego, pela perda de identidade. Essas águas do mar, para os chineses, significam o oceano primordial; para os vedas, o mar sem luz é o princípio de tudo. No batismo, representa a morte e a sepultura, a vida e a ressurreição. Símbolo do inconsciente universal, é de onde tudo que é vivo surge, como da mãe.

Metade do navio é preto e a outra metade é branca. As cores se apresentam no sonho no sentido horizontal do navio.

A cor preta é um estado inicial, presente no início do caos, na massa confusa (Jung, 1997). Em contraposição, a cor branca simboliza o estado celeste, expressando uma vontade de aproximar-se dele (Cirlot, 1984). O branco é a cor da passagem.

Existe uma guirlanda de flores roxas do lado direito.

A guirlanda é símbolo inconsciente da "magia da ressurreição" e do retorno dos falecidos a uma nova vida (Von Franz, 1995). A forma circular da guirlanda remete à mandala, símbolo da totalidade cósmica (Samuels, 1998). As flores roxas simbolizam o sofrimento e a morte de Cristo durante a sexta-feira santa e são usadas nos enterros cristãos.

Após o relato do sonho, Joel chorou muito e acabou adormecendo por exaustão. Encerrei a sessão.

Na manhã seguinte, a quinta sessão, ele estava sério e triste. Havia passado a noite em claro, pensando no sonho e sabia seu significado:

– Está claro para mim: esse sonho, esse navio, é a morte me esperando.

Propus a visualização "entrar na cena do sonho e deixar acontecer". Preparei sua respiração (profunda, lenta) e pedi:

– Entre no sonho, examine-o, vá até o fim dele, volte e abra os olhos só depois de ter feito o necessário e estiver calmo e seguro.

Depois de 30 minutos, ele voltou e disse:

> *– Refleti sobre minha solidão diante do navio, em pé, no porto. Entrei e modifiquei o seu interior. Pintei o navio todo de branco, tirei a guirlanda de flores roxas, coloquei grandes janelas de vidros transparentes, por onde o sol entrou, iluminando todo o interior do navio, aquecendo e tornando todos os seus compartimentos aconchegantes.*

Pedi que fizesse dois desenhos do navio no cais: um, que correspondesse ao primeiro sonho e o outro, como ele o havia transformado. Depois de feitos, Joel rasgou o desenho do navio tenebroso e pediu para colar o outro na parede. O sonho não se repetiu mais.

Na sexta sessão, encontrei Joel discutindo com o pai, que insistia para o filho comer. Assim que ele saiu, o paciente começou a se queixar do pai:

> *– Não suporto mais a presença dele. Insiste para que eu coma, mas eu não quero comer. Quer dar-me a comida na boca, mas pelas suas mãos não vou me alimentar.* (O paciente estava limitado, pela administração da medicação endovenosa, e precisava da ajuda de terceiros para se alimentar.) *E não é possível mais agüentar a sua fisionomia de sofredor, de piedade, mostrando-me que vou morrer. Vou dizer a ele para ir embora e não voltar mais.*

Joel manteve uma relação de distância com o pai. Ao longo da terapia, queixou-se de sua rígida autoridade em relação a ele, que o obrigou a escolher a mesma profissão. Nenhuma de suas conquistas era suficiente para seu reconhecimento. Era obrigado, desde a adolescência, a trabalhar pesado, ajudando-o. A queixa maior, porém, residia na fragilidade do pai diante da mãe: tinha medo dos gritos dela e sempre lhe obedecia, colocando-se ao lado dela em todas as situações injustas e "cruéis" em relação aos filhos.

– *Desprezo o meu pai. Ele é, e sempre foi, um algoz repressor e duro para mim. Nunca me amou como filho. Não posso gostar dele.*

No entanto, quando Joel recebeu o diagnóstico de leucemia, o pai veio, no mesmo dia, para o Brasil, para estar ao lado do filho. Presenciei seu desvelo, carinho e abatimento pelo sofrimento do filho. Cuidou dele durante a doença, fazendo sucessivas viagens para atendê-lo e, ao mesmo tempo, cumprir seus compromissos na Espanha.

Joel havia me pedido para atender seu pai individualmente, em meu consultório, para prepará-lo, porque ele não queria mais ser "cuidado". O Sr. Juan, em três sessões, resgatou sua relação com o filho, após saber de seus sentimentos, que tive de contar, a pedido de Joel, porque ele mesmo recusava-se a ter essa conversa com o pai. O Sr. Juan envelheceu nessas três sessões. Chorou discretamente, de cabeça baixa, e mostrou o quanto amava o filho. Reconheceu as falhas na educação que lhe deu, e admitiu que não tinha controle sobre as expressões faciais de sofrimento. Portanto, não poderia atender o filho. Não mostrou desejo de dialogar com Joel e encerrou a sessão. Ambos mostravam-se irredutíveis. O pai retornou a seu país, onde teve um infarto do miocárdio e não viu mais o filho.

Para Joel, a morte parecia relacionar-se ao pai: era ele que representava a figura de Caronte. O Sr. Juan era velho, de rosto sombrio, muito feio, nariz adunco, magro, grande, barba e cabelo grisalhos. Tudo o que vinha do pai parecia estar contaminado, como o alimento vindo pelas mãos de Hades está ligado ao mundo subterrâneo dos mortos (Brandão, 1995). A grande lei de Hades, o deus dos mortos, é o jejum. Quem ingerir qualquer alimento provindo dele não poderá mais regressar ao mundo dos vivos (Grimal, 1997).

O pai de Joel era sedutoramente bondoso e paciente ao insistir para que o filho comesse. Assim que voltou para a Espanha, Joel voltou a se alimentar e, até a sua morte, não pronunciou mais o nome do pai. Talvez Joel tenha elaborado o "complexo do pai" na psique: "condenou-o" a ir para seu país e o pai enfartado permaneceu no hospital até a morte do filho.

As onze sessões seguintes foram desenvolvidas da seguinte forma: cada irmão de Joel teve uma sessão de duas horas com ele, com começo, meio e fim e minha constante interferência, para que nenhum assunto ficasse pendente. Intercalei três dias entre os irmãos quando percebi que Joel ficava muito cansado, durante os quais as sessões eram em silêncio e eu usava técnicas de relaxamento, visualização e massagem terapêutica.

Na décima sessão, reuni Joel e os sete irmãos, que foram chegando dos países em que moravam. A relação deles era permeada de raiva, inveja e ciúmes. Os oito irmãos conseguiram ir até o fundo de todos os assuntos de atrito desde a infância. Falaram dos sentimentos mais sombrios que haviam guardado até aquele momento. A sessão durou três horas. Foi densa, violenta, de emoções fortes, com grandes tristezas, mas libertadora para todos. A proximidade da morte fez os oito irmãos encontrarem a irmandade entre si.

Não descrevo essas sessões porque não trouxeram conteúdos psíquicos de sonhos, nem apresentaram figuras simbólicas explícitas. Todo o material foi objeto apenas de interpretação e análise e encerrado por Joel a cada dia.

Todos sabiam que restava pouco tempo de vida e argumentavam com Joel a respeito da necessidade de a mãe vir ao Brasil, para eles terem o primeiro e último confronto final e verdadeiro.

No dia seguinte, Joel estava muito fraco. As infecções tinham fugido do controle e ele sentia-se exaurido – mas em paz – pela sessão da véspera, e contou o sonho que tivera:

> *– Eu me vejo aqui na minha cama, nesta mesma UTI. O médico entrou e me disse que tinha uma ótima notícia para me dar: eu estava curado e podia sair do hospital. Eu me levantei da cama muito feliz, fui saindo do quarto, virei-me para trás e vi o meu corpo doente ficar na cama. Fui embora forte e saudável.*

Depois do relato, ele disse:

– Esse sonho eu já interpretei sozinho. Não preciso da sua colaboração.

Fiquei em silêncio, respeitando a sabedoria do inconsciente:

> *a reconfortante mensagem do inconsciente, de que a morte é uma "cura" e de que há vida depois da morte, obviamente, não pode ser aqui interpretada como a realização de um desejo, pois o sonho prediz, de forma brutal e inequívoca, o término da existência física (*Von Franz, 1995: 12*).*

Lembrei-lhe de que sua mãe chegaria naquele dia e propus trabalharmos esse encontro. Ele ficou transtornado ao falar dela, porque havia se mudado para o Brasil para fugir dela. Em seu país de origem tivera tudo e todas as oportunidades, mas casara-se com uma brasileira para cortar o vínculo com sua pátria e ficar longe da mãe. Parecia falar da bruxa malvada dos contos de fada, que encarcerou Joãozinho e Maria, para depois devorá-los. Decidimos juntos que seria melhor eles se encontrarem a sós.

O símbolo da *mãe terrível* era a figura da morte. Regressar à mãe significava morrer. A figura da mãe é ambivalente, por apresentar um lado construtivo e outro destrutivo. Para Jung, a mãe é o símbolo do inconsciente coletivo, do lado esquerdo e noturno da existência, a fonte da água da vida (Cirlot, 1984).

Dona Carmen chegou nesse mesmo dia e fui recebê-la, para esclarecer o tipo de conversa que Joel desejava ter e prepará-la. Ficou mais de uma hora com o filho e saiu aos prantos. Quando entrei, muito tranqüilo, Joel não encontrou palavras que explicassem o que aconteceu entre os dois:

– Falei tudo o que quis e que guardei a vida inteira e não percebo nenhum sentimento em mim. Não estou sentindo nada. Acabou, sem mais. Fim.

No dia seguinte, ele não estava na UTI. O médico me informou que ele passara bem a noite, estava melhor, portanto fora transferido para um quarto. Ele estava calmo, mas me disse:

– Não agüento mais sofrer, é um calvário o que estou passando. Estou encerrando minha luta. Não posso mais. Quero pedir que você me ajude a morrer.

Segurei sua mão, ele fechou os olhos e permanecemos em silêncio absoluto por mais de meia hora. Desta vez não pude cronometrar. Pareceu-me muito tempo. De repente, ouvi sua voz quebrando o silêncio:

– Estou correndo num campo de relva verde e macia. Corro cada vez mais. Sou muito veloz. O campo não tem fim. Estou feliz. Sinto muito prazer.

Incentivei-o a continuar nessa imaginação ativa e perguntei se ele estava sozinho, ao que ele respondeu afirmativamente. Perguntei se ele não queria chamar sua esposa e os filhos para correrem juntos. Não quis e desligou-se de mim. Perguntei se queria a companhia de alguém em especial. Não quis e permaneceu por mais de 30 minutos em silêncio. Pelo tremor das pálpebras, percebi que via imagens.

Esse distanciamento não pode ser explicado nem pelo próprio paciente. De acordo com Von Franz (1995: 139), é muito raro poder-se investigar o que se passa nesse estado. É como se essa condição tivesse uma consciência própria, tão distante de nossa consciência cotidiana, que é quase impossível traduzir seus conteúdos em termos compreensíveis a esta.

Quanto aos símbolos da imaginação ativa, os campos pertencem a deuses como Hermes, o guia das almas (Cirlot, 1984). O arauto divino (Grimal, 1997), com suas sandálias aladas, fazem-no deslocar-se com velocidade, pois é o mensageiro das boas-novas. A vegetação verde simboliza a morte e a ressurreição.

Em voz muito baixa, ele disse:

– O campo agora tem flores. Muitas, várias e de cores diferentes.

Perguntei-lhe de que cores eram. Ele respondeu:

– São cores celestiais.

Segundo São João da Cruz, as flores são a imagem das virtudes da alma, além de serem um símbolo da perfeição espiritual. Como elixir da vida, sua floração é o retorno ao centro, à unidade, ao estado primordial (Brandão, 1993).

Perguntei-lhe se queria conversar ou abrir os olhos. Não quis e pediu:

– Deixe-me ficar onde estou.

Encerrei a sessão e saí do quarto, deixando-o com o semblante em paz e aparentando prazer. Na madrugada do dia seguinte, Joel faleceu.

Observei que o processo psicoterapêutico iniciado logo após o diagnóstico pode ser mais satisfatório ao paciente propiciando, mesmo no quadro de doença e de sofrimento, uma qualidade geral nos dias de vida, pois ele pôde proceder ao fechamento de todos os setores de sua vida: pais, irmãos, esposa, filhos, amigos, trabalho, organização econômica e, assim, ter paz para morrer. Além disso, ele também pôde fazer a revisão de seus conceitos de vida e morte.

Finalmente, foi muito producente para o processo psicoterapêutico ter tido começo, meio e fim, porque trouxe conteúdos que podem ser pesquisados durante muito tempo, para serem melhor esclarecidos.

Quinto Paciente – Werner

Observo, agora mais nitidamente, que o nível da minha dor oscila de acordo com os pensamentos apavorantes das minhas crenças sobre a morte... (Werner, 5/2000).

Werner nasceu na Polônia, e chegou ao Brasil com 10 anos de idade. Engenheiro, judeu, casado, com 53 anos, três filhos, uma neta e uma irmã mais velha, estava com o mesmo tumor retal cancerígeno que levara seu pai.

Logo ao entrar no quarto, já ouço seus gemidos de dor. Ele é um homem forte, pele muito branca, e está completamente nu, deitado de lado, numa posição incômoda, com um pequeno lençol cobrindo suas nádegas.

Tenho de encontrar um lugar que lhe facilite me ver, pois não pode se mexer e, a qualquer movimento, grita de dor. Ele fica muito nervoso e constrangido pela posição e pela demonstração de fraqueza com a dor.

Nessa primeira sessão, sentia muita dor. Passara pela segunda cirurgia e estava com muita raiva. Além de ter de deitar de lado, era necessário higienizar o local da operação a cada hora. Observei em seus olhos esbugalhados muita agressividade.

Propus um trabalho que aliviasse a dor e potencializasse os analgésicos. Iniciei um relaxamento profundo, introduzindo o tema: "encontro de um refúgio na natureza para recuperar-se". Depois de mais de uma hora, ele reagiu muito bem e, ao voltar, mostrou-se mais tranqüilo e tão surpreso com a grande melhora da dor, que se emocionou.

No dia seguinte, nossa segunda sessão, Werner me esperava ansioso e contou que havia conseguido dormir durante algumas horas, sem sentir dor. Então, iniciei o relaxamento da mesma forma, pedindo-lhe para fixar as imagens iniciais e explicando-lhe que poderia repetir o procedimento sozinho, quando sentisse necessidade. Desta vez, ele respondeu rapidamente à indução e foi mais fundo ainda. Permaneci uma hora e meia, com um resultado satisfatório, e ele dormiu profundamente.

Quando cheguei para a terceira sessão, ele me disse que as dores estavam diferentes e não sabia o que estava acontecendo. Fiz o relaxamento, induzindo-o a soltar o canal do reto com a expiração longa, sem "brigar" com a dor. Pude verificar que ele havia conseguido, pois o corpo todo amoleceu na cama e esparramou-se, apesar da posição.

Sugeri que ele "fosse" até o local da dor e deixasse surgir imagens para ele cuidar e aliviar o local. Quando voltou, disse que havia "visto" e "sentido" algo estranho no canal do reto, mas estava relaxado e quis dormir. De acordo com Morin (1997: 33), a *morte é a mais vazia das idéias vazias, seu conteúdo é o impensável, o inexplorável, o "não sei quê" conceitual. A morte é a idéia traumática por excelência.*

Na quarta sessão, uma segunda-feira, Werner estava bem sedado e dormia. A esposa relatou que havia sido retirado um abcesso que pressionava o ânus, causando muita dor. Deixei-o dormindo e atendi a esposa por uma hora. Depois, lembrei-me da visualização da sessão anterior e resolvi entrar novamente no quarto e aplicar a técnica da Catalonia (Sandor, 1960).

Na quinta sessão, novamente com dor, recebeu-me com ansiedade, dizendo que precisava contar o sonho que tivera. Muito alegre, relatou:

> – *Estou levantando da cama, completamente são. Saio do Hospital, dirijo-me à estação de trem, compro um bilhete para viajar, entro no mesmo e este se dirige para um lugar muito longe; quando lá cheguei, no fim do caminho, encontrei meus amigos que estavam me esperando* – e repetiu – *lá no fim do caminho encontrei meus amigos, não sei quem são; só sei que são amigos e eu estava completamente curado.*

Em seu primeiro sonho, ele se viu levantando da cama do hospital, completamente curado, embarcando em um trem, partindo para longe e, no fim do destino da viagem, encontrou-se com amigos que o esperavam. Esta temática onírica do paciente em estado terminal, que sonha estar curado, vendo-se levantar e partir para uma viagem, repete-se em 80% dos pacientes.

Para Jung (1963: 306), é preciso um

> *mito da morte, pois a razão só indica o negro abismo no qual está caindo. O mito, porém, pode lhe evocar outras imagens, representações úteis e enriquecedoras da vida na terra dos mortos. Se acreditar nelas, ou se lhes der algum crédito, não estará nem mais certo nem mais errado do que aquele que não crê. Mas, ao passo que o desespero caminha rumo ao nada, aquele que deposita sua fé no arquétipo segue o trilho da vida e vive por inteiro até morrer. Ambos, é claro, continuam na incerteza, mas um vive contra seus instintos e o outro não.*

Talvez seja possível dizer que a "cura" (do corpo doente em processo final da falência dos órgãos) constitua um "símbolo da morte" para muitos pacientes, e também um reconfortante "símbolo de que há vida após a morte".

Os pacientes sempre se mostraram felizes e aliviados quando essa temática surgia nos sonhos. Alguns chegaram a sentir uma melhora do quadro geral em que se encontravam, principalmente quanto ao processo de dor.

Quando Werner se viu "comprando" uma passagem e embarcando para a viagem, reportei-me a Caronte, o barqueiro incumbido de transportar as almas para o reino de Hades. Em paga, os mortos deviam "dar-lhe um óbolo". A idéia do pagamento da passagem está ligada à moeda como símbolo, que representa o valor pelo qual o objeto é trocado. As moedas, desde a antigüidade, tiveram certo sentido talismânico, uma vez que nelas a conjunção do quadrado e do círculo não é incomum (Cirlot, 1984: 209).

A moeda, para os gregos, é o símbolo da imagem da alma, porque traz impressa a marca de Deus, como a moeda traz a do soberano (Brandão, 1996). Havia, inclusive, o costume de pôr uma moeda na boca dos cadáveres no momento em que este eram sepultados.

A chegada ao fim dessa viagem, na outra margem, no reino de Hades, parece ser o símbolo do *estado de felicidade, paz e imortalidade* (Gn 2, 9-20). E esse símbolo está articulado com a temática e os ensinamentos das várias religiões a respeito da vida e da morte. O encontro com os amigos também está em harmonia com o conceito de várias religiões: são as almas da irmandade dos que já "viram" Deus e estão à espera dos irmãos. De acordo com o *Novo Testamento*, é a continência do amor das almas no *lumen gloriae*.

Na quinta sessão, Werner contou que havia passado muito mal durante a noite e estava com muita dor. Na mesma posição desconfortável, perguntou se poderia conversar de olhos fechados. Ofereci o exercício de relaxamento para minorar-lhe a dor e usei também toques na testa e suave massagem no rosto.

Mais tranqüilo, ainda de olhos fechados, relatou o sonho da difícil noite pela qual passara:

– *Eu estava deitado nesta cama e bem em cima de mim, em uma posição horizontal, estava pairando no ar, envolta em nuvens, uma figura enrolada em um manto branco como se fosse um lençol. Essa figura permaneceu, neste lugar, durante todo o sonho, envolta na nuvem branca.*

Como o paciente ainda se encontrasse em um estado de consciência mais rebaixado, pedi-lhe para entrar no sonho novamente e permitir que a figura aparecesse. Após alguns minutos de silêncio, ele disse:

– *Ela está aqui, pairando em cima de mim.*

Pedi para que "olhasse" o rosto da figura, ao que ele respondeu:

– *Não! Não posso! É proibido!*

Sugeri, então, que perguntasse à figura quem era. Alguns minutos a mais de silêncio e Werner respondeu:

– *Ela disse que é a morte.*

Sugeri que fizesse mais perguntas à figura. Ele permaneceu em silêncio e, em seguida, disse:

– *Perguntei o que ela quer e ela disse que veio me buscar.*

Fiz o paciente voltar bem devagar, abrir os olhos e perguntei se ele queria falar sobre o sonho e sobre a experiência pela qual passara. Ele concordou e seguiu-se uma sessão de duas horas, durante as quais contou-me de seu conceito de morte, pós-morte, sua religião, seus medos, suas dúvidas e crenças. Muito assustado, disse que tinha muito medo da morte e contou da morte de seu pai e de sua mãe, dizendo que, no judaísmo, não se podia olhar para o rosto do morto, e repetiu:

– *Sabe, eu não pude ver o rosto do meu pai morto, não pude ver o rosto da minha mãe morta.*

Ao final, estava exausto e dormiu profundamente.

Encontrei no livro de Ausubel (1967: 647) a seguinte referência aos ritos e costumes de sepultamentos judaicos: *o corpo é lavado e seco, envolto em uma mortalha de linho branco cosido com pontos grandes e frouxos, com linha desfiada. O corpo envolto somente em sua mortalha era colocado diretamente na cova.*

No segundo sonho, quando o paciente viu a figura envolta em pano branco, pairando sobre nuvens em sentido horizontal, acima de seu corpo deitado no leito do hospital, verifiquei que essa figura poderia simbolizar a morte.

Para os judeus, as vestes brancas – *Tariachim* – são costuradas para os mortos por homens e mulheres, num ato de devoção religiosa.

As mulheres judias enlutadas, em Túnis, cobrem-se com panos brancos, corpo e rosto completamente cobertos e seus vultos, no cemitério, lembram tendas brancas. Permanecem, em segundo plano, na frente dos homens, de roupas escuras, recitando preces hebraicas pelas almas dos que partiram.

Quando perguntei a Werner se ele havia visto o rosto da figura envolta em um pano branco, ele respondeu muito assustado, com os olhos arregalados de terror:

– Não, é proibido! Não posso!.

Ausubel (1967: 645) explica que

> *a crença bastante difundida entre os povos primitivos, segundo a qual, na última hora anterior à morte e até que se complete o enterro, os maus espíritos dos demônios adejam invisivelmente pelo ar, procurando penetrar o corpo a fim de causar-lhe graves danos [...] colocam-se, então, fragmentos de cerâmica sobre os olhos e boca dos mortos antes do enterro [...] para impedir que aqueles intrusos fantasmagóricos e perigosos entrem no corpo inerme [...]. A alma ou fantasma de uma pessoa morta é potencialmente perigosa para os seus parentes mais próximos [...]. A determinação bíblica, praticada nos tempos antigos, tornava obrigatório o sepultamento no mesmo dia [...]. Com pressa a cova é enchida e fechada – tudo para que o "fantasma" demoníaco do morto não possa fazer qualquer mal aos membros da família.*

Nesse segundo sonho, trabalhei verbalmente o conceito de morte para Werner e o seu aprendizado sobre a morte, provindo da infância. Ele repetia reiteradas vezes, durante as sessões, a seguinte história:

> *– Avisaram-me que minha mãe havia falecido, e quando cheguei em casa, não pude mais ver o seu rosto. Ela estava toda coberta, enrolada na mortalha branca, foi horrível, apavorante, não pude mais ver o seu rosto. Era proibido. Mas ela era minha mãe e eu não pude mais ver o seu rosto.*

Angustiado, o paciente repetiu várias vezes:

– Não quero morrer, sou jovem, tenho muito ainda para fazer. Quero viver. Não quero morrer.

Ele fazia questão de repetir que não era religioso, apenas respeitava as cerimônias litúrgicas do judaísmo como tradição.

Ausubel (1967: 643) relata que

os judeus helenistas evocavam uma imagem assustadora das pessoas em vias de morrer. Uma batalha desesperada pela vida contra o implacável especialista da morte, o Anjo Samael, chamado também de Satã. Ele tem a espada desembainhada pronta para o golpe final. É o mensageiro espectral da vontade de Deus, aguarda sua hora e sabe muito bem qual o resultado final.

Após o trabalho sobre a morte, durante essas cinco sessões, Werner relatou:

– *Observo, agora mais nitidamente, que o nível da minha dor oscila de acordo com os pensamentos apavorantes das minhas crenças sobre a morte; mas, agora, já consigo refletir e elaborar melhor o emaranhado dos meus pensamentos.*

Como este paciente parecia trazer medos mais arcaicos quando falava da morte, resolvi transcrever mais um trecho da pesquisa de Ausubel (1967: 647) quanto aos "enxertos" de culturas primitivas, como diz ele, no judaísmo, corroborando o inconsciente coletivo (sem o saber):

Os costumes judaicos de sepultamento, desde épocas pré-históricas, têm fontes de práticas primitivas e crenças religiosas representadas por tabus tribais. Como, por exemplo, nos ritos judaicos de sepultamentos dos períodos Bíblico e Helenista, há indicações das influências do terrível culto da morte de Osíris, no Egito, e, como prova disto, foram encontrados em lugares de sepultamento judaico da Era Greco-Romana, nas Catacumbas da Torlônia, nos sepulcros da Samaria e na Judéia antiga, utensílios como: jarros de barro, lâmpadas a óleo, vasilhames que continham alimentos e bebidas simbólicas para os mortos. Outros costumes e crenças mortuárias foram adotados dos fenícios, dos babilônios, dos sírios, dos persas, dos gregos, dos romanos, dos budistas, dos maometanos e dos cristãos medievais. E, também, em razão de os judeus espera-

rem a vinda do Messias, quando os mortos se reerguerão para o julgamento e a Vida Eterna no Final dos Dias, os judeus tomam cuidados escrupulosos na preparação dos mortos para o sepultamento. Quando o Messias soprar o Shofar da ressurreição, os mortos poderão erguer-se intactos e com as almas restauradas. A alma separada do corpo tem de ser escoltada por súplicas levadas a Deus para intercederem compungidamente por ela.

Após seis sessões de trabalho verbal e relaxamento, Werner relatou o terceiro sonho:

– Estou no leito e, com um sopro poderoso, expulso a morte pela janela do quarto do hospital. A figura da morte se desfaz no espaço e, em seguida, os raios de sol entram pela janela, iluminando o quarto, penetram meu corpo me aquecendo e revitalizando.

Ele encerrou o relato do sonho dizendo:

– Estou me sentindo muito em paz e forte.

De acordo com Jung (1963: 90), o sonho é um fenômeno normal e natural, e não significa outra coisa além do que existe dentro dele. A confusão nasce do fato de serem simbólicos seus conteúdos e, portanto, oferecem mais de uma explicação.

Quando Werner relatou seu sonho, disse: *com um sopro poderoso, expulso a morte pela janela*, reportei-me a Jung, que descreve sua experiência com as tribos primitivas de Monte Elgon, na África. Todos os dias, ao amanhecer, saem de suas cabanas, sopram as mãos e as erguem em direção aos raios de sol, como se estivessem oferecendo seu sopro ao deus nascente – Mungu – que equivale a nosso Deus. Jung conclui que ofereciam suas almas a Mungu porque o sopro da vida significa a substância da alma. Soprar em alguma coisa tem um efeito mágico.

Os feiticeiros acreditavam nas propriedades mágicas do sopro para curar o paciente, afastando os espíritos. Assim, o sopro foi considerado pelas religiões, durante muito tempo, como capaz de dar vida.

Parece que, para Werner, o "sopro poderoso" é o símbolo do poder da vida, a substância da alma, o efeito mágico do sopro que desfaz a figura da morte, trazendo sua outra polaridade, a vida, o sol, como o símbolo da transformação, da iluminação espiritual, de realidade compreendida; o sol, como o grande inimigo das forças do mal, da morte apavorante.

Para Cascudo (1984), é raro e difícil o poder do feitiço durante as horas luminosas do sol. O sol, Hélios, é considerado, no mito grego, como olho do mundo, aquele que tudo vê (Brandão, 1995). Para os pigmeus e bosquiamanos, o sol é o olho do deus supremo; para os samoiedos, os olhos do céu, o olho bom, a ressurreição. O culto aos antepassados se liga ao solar, para assegurar-lhes uma proteção e um símbolo salvador (Cirlot, 1984).

Jung (1952) indica que o sol é, na realidade, um símbolo da fonte da vida e da totalidade definitiva do homem.

O simbolismo do sol, para muitos povos, é uma manifestação da divindade. Ele pode ser conhecido como filho do Deus Supremo e irmão do Arco-íris. O sol imortal se levanta a cada dia e desce a cada noite ao reino dos mortos. Ele pode ser a luz dos homens e, quando se põe, a morte; mas, ao mesmo tempo, ele pode guiar as almas pelas regiões infernais e resgatá-las na aurora do dia, à luz. O sol é a luz e o calor da vida. Seus raios fulguram com influências celestiais ou espirituais recebidas pela terra. Para os hindus, é a origem de tudo o que existe, o princípio e o fim de toda a manifestação de alimento. A alternância vida-morte-renascimento é simbolizada pelo ciclo solar. O sol aparece como símbolo da ressurreição e da imortalidade (Chevalier, 1982).

Este foi o último sonho relatado por Werner. Ele saiu do hospital, voltou para casa, onde faleceu dois dias depois.

Pude observar o processo do desencadeamento da dor, suas implicações e conseqüências. Foi possível trabalhar e refletir verbalmente a respeito da dor, bem como, em outros momentos, aliviá-la ou cessá-la por completo, mediante as técnicas descritas.

Toda emoção, todo fenômeno psíquico, tem um correlato fisiológico (Ramos, 1994) e o paciente chegou a essa compreensão e pôde colaborar efetivamente em seu difícil quadro de dor.

A raiva pela doença e a revolta diante da desconfiança de sua morte não permitiu a ação satisfatória dos opiáceos, levando-o ao círculo vicioso da dor + revolta + raiva / raiva + revolta + dor.

Na seqüência dos sonhos que anunciavam sua morte, a compra de um bilhete, a viagem de trem, os amigos que o esperavam no fim do caminho, a morte representada pela mãe morta, envolta na mortalha, que vinha buscá-lo, vi o medo e a humildade diante das crenças, do rituais e das rigorosas proibições religiosas até então negadas.

Parece, também, que o último sonho do paciente indicou os símbolos de transformação e libertação. Com um sopro poderoso, expulsou e desfez a figura da morte, sentindo-se então em paz e forte.

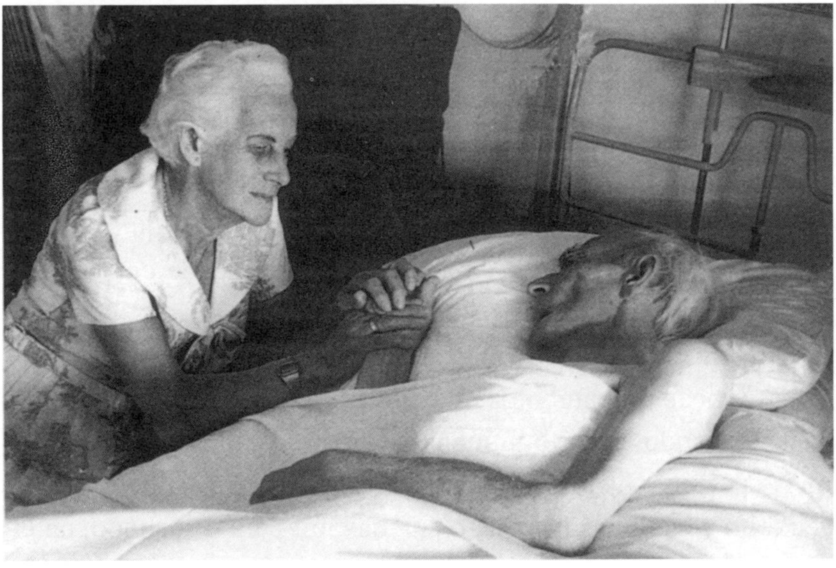

CONCLUSÕES

Ao longo desta pesquisa, observei nas expressões faciais dos pacientes que acompanhei, nas manifestações psico-fisiológicas, nos relatos e nas palavras pronunciadas em estado de torpor (conseqüência da analgesia), a luta interna travada contra o incognoscível da morte, de sua proximidade, o medo do desconhecido, a humilhante fragilidade, na presença de algo monstruoso, vitorioso, misterioso e poderoso.

A luta dos conteúdos conflitivos da morte igualam os seres humanos: dos primitivos homens das cavernas aos civilizados. A linha mestra do conflito é o medo do "castigo" investido de onipotência e poder absoluto, não importando a religião seguida, ou o sistema de crenças atrelado ou mesmo a vida pautada por valores que os dignificaram.

Para os pacientes, é como se houvesse uma forma padronizada de castigos: o câncer merecido; os sofrimentos físicos necessários; a morte como sentença de condenação; o medo do desconhecido e prenúncio de punição. Toda essa dinâmica psíquica articulada teve como função a expiação, a possibilidade de pagar os pecados e saldar a dívida para com o deus-julgador, o "pai terrível", por meio de sofrimento estóico.

A função dos símbolos relaciona-se à problemática consciente, anunciando a morte iminente através dos sonhos. Para o primeiro paciente, veio o grande cachorro negro postado ao lado de seu leito e os fantasmas que o chamavam; para o segundo, anunciou-se no relógio que parou; o terceiro soube de sua proximidade quando viu a cadeira vazia e toda a família a sua espera; o barco que leva quem já terminou sua estada na vida, em direção do reino dos mortos, esperava o quarto paciente; e, para o quinto paciente, ela mostrou-se em sua mãe morta e envolta na mortalha branca, anunciando que vinha buscá-lo.

Os símbolos também anunciaram o terror da punição por intermédio do demônio Moloch (para o primeiro paciente); dos três homens amados que lhe foram roubados (para o segundo paciente); a figura do "pai terrível" (para o terceiro paciente); o calvário do herói que caminha na tortura da escuridão durante a descida ao labirinto espiritual da purgação (para o quarto paciente); a proibição de ver o rosto da mãe morta (para o quinto paciente).

Outra mensagem que os símbolos mostram é a da morte como cura: o corpo doente ficou no leito do hospital e o paciente (o primeiro e o quarto) curado foi embora. O quinto paciente foi correndo à estação de trem, comprou a passagem e embarcou. Na estação final, os amigos o esperavam. O terceiro paciente, com o corpo leve e solto, envolto em vestes transparentes, voava sobre o que plantou na terra. O segundo paciente segurava nas mãos o pêndulo de cristal, a pedra sagrada da vitória e da capacidade de voar.

A permissão da passagem dos conteúdos inconscientes para a consciência diminuiu a tensão interna do paciente e as transformações nos sonhos sucederam-se. Dessa forma, o inconsciente indicava ao consciente que não havia um fim definitivo, mas uma transformação, como se significasse a continuação de um processo aqui iniciado.

Os sonhos dos campos verdes sem fim, das florzinhas e suas cores celestiais que o quarto paciente não podia descrever, pois eu não conhecia essas cores; ele e o primeiro paciente correndo curados, pelos campos, com roupas diáfanas; os cavalos galopando, conduzindo para a frente, para o além; o terceiro paciente passando por cima do mundo, voando em frente; o primeiro paciente passando pelo buraquinho da mulher, pelo túnel feminino, deste mundo para o outro; os amigos esperando o quinto paciente no final da linha de trem; a mãe, o pai e os irmãos esperando o terceiro paciente na casa iluminada, que estava no fim da estrada escura; o segundo paciente abre as portas das três prisões, dando liberdade aos mortos trancados, e todos os espaços são iluminados e se transformam.

Todos esses elementos sonhados com a cura, a travessia rápida e prazerosa, a chegada junto às pessoas amadas que estão aguardando e a garantia da proteção das figuras parentais nos confins do desconhecido puderam ser observados após o confronto e a elaboração dos símbolos amedrontadores dos primeiros sonhos.

Ao mesmo tempo, todos os símbolos também foram observados sob o ponto de vista da relação de sincronia entre conteúdos psíquicos e sintomas orgânicos: o primeiro paciente mencionou a suposição de estar com câncer e, em ação sincrônica, sentiu dores violentas. Sonhou com Moloch e acordou encharcado pela hemorragia e pela incontinência urinária. Relatou o sonho com o cão de Hades, em relação sincrônica à cianose nos lábios e nas extremidades dos dedos. Reviveu, no relato do sonho, sua corrida pelos campos de flores e as dores cessaram, sorrindo de prazer.

O segundo paciente segurou o pêndulo de cristal nas mãos, detendo o tempo da morte. Melhorou o quadro irreversível do câncer e saiu por alguns dias do hospital.

O terceiro paciente se deprimiu ao lembrar o sonho com o pregador e o dono da fazenda, em visível conexão com o complexo do pai terrível, o que acarretou uma significativa pressão no peito e falta de ar.

O quarto paciente dispensou a alimentação parenteral quando expulsou seu pai – o pai terrível – do hospital, voltando a comer normalmente. Depois desse episódio, o pai do paciente teve um infarto, o que mostra nitidamente a manifestação orgânica sincrônica à psíquica. O paciente teve outra demonstração da correlação sincrônica psique-corpo ao sair da UTI após o encontro com a mãe, durante o qual despejou toda a sua violência, o ódio e os ressentimentos. Assim, pôde-se verificar como os complexos parentais estão em conexão com os sintomas somáticos da doença na terminalidade.

O quinto paciente relacionou a raiva à dor aguda que sentia. Descreveu o sonho da morte envolta na mortalha branca e teve uma alteração na pressão sangüínea. Permaneceu por horas sem dor ao lembrar a viagem de trem e quando soprou a morte pela janela, deixou o sol entrar no quarto, o que o fez sentir um bem-estar geral e dormiu.

Os símbolos surgidos durante o período "do morrer", quando o paciente entra em contato com as imagens de seu inconsciente coletivo e pessoal, levam à compreensão profunda de sua dinâmica interna. Essa compreensão dos símbolos e sua integração com a consciência levaram os pacientes ao conhecimento maduro e sereno do processo de morrer com dignidade.

Ao final deste trabalho, posso afirmar que o grande salto qualitativo no atendimento psicoterapêutico na fase da terminalidade é observar, compreender, decifrar, analisar, a história interna da psique do paciente por meio dos símbolos que emergem nessa fase. Eles assinalam o aspecto simbólico da doença câncer, sua finalidade, mostrando que o caminho da morte leva ao conhecimento profundo do caminho da vida, dando sentido aos dois. Portanto, vida e morte estão entrelaçados e, quando há harmonia, preparam para a grande travessia.

REFERÊNCIAS BIBLIOGRÁFICAS

ACHTERBERG, J. A. *A imaginação na cura*. São Paulo: Summus, 1996.

AHMAD, A. et al. "Use of positron emission tomography in evaluation of brachial plexopathy in breast cancer patients", in: *British Journal of Cancer*. UK: Stockton Press, Feb. 1999.

AUSUBEL, N. *Conhecimento judaico U-Z*. Rio de Janeiro: Tradição, 1967, Biblioteca da Cultura Judaica.

BARNETT, M. *Gods and myths of ancient Greece*. New York: Smithmark, 1996.

BARRADOUGH, J. *Cancer and emotion*. Oxford: Study Centre – Sir Michael Sobell House – Churchill Hospital, 1996.

BATESON, G. *Mind and nature*. New York: Banatan Books, 1980.

BAYARD, J. P. *O Sentido oculto dos ritos mortuários*. São Paulo: Paulus, 1996.

BENJAMIN, Harold H. "How to Become a Partner with your Physician in the Fight for recovery from Cancer", in: *The Wellness Community*. Santa Monica: Ben & Joyce Eisenberg, 1990.

BENSON, H. "Your innate asset for combating stress", in: *Get Well Again. Harvard Business Review*. USA, 1974.

BERLIN, N. I. "The metabolism service", in: Sylvester Comprehensive Cancer Center. USA: University of Miami, 1995.

Bíblia Sagrada. São Paulo: Paulinas, 1967.

BJC (British Journal of Cancer). "Editorial" of the *The Scientific Journal of the Cancer Research Campaign*. UK: Stockton Press, September 1995, vol. 72, nº 3.

BLAUSTEIN, Arnold S. et. al. "The role of a Cancer Center in a Private Community Hospital", in: *Journal of Surgical Oncology*. USA: Wiley-Liss, January 1994, vol. 55, nº 1.

BOULAY, S. D. *Cicely Saunders: The founder of the modern hospice movement*. London: Hodder and Stoughton, 1994.

BRANDÃO, J. S. *Mitologia Grega*. Petrópolis, RJ: Vozes, 1993, vol. III.

BRANDÃO, J. S. *Mitologia Grega*. Petrópolis, RJ: Vozes, 1995, vol. II.

BRANDÃO, J. S. *Mitologia Grega*. Petrópolis, RJ: Vozes, 1996, vol. I.

BUDGE, W. A. E. *O livro egípcio dos mortos*. São Paulo: Pensamento, 1999.

BURKE, C.; GERRAUGHTY, S. M. "An oncology unit's initiation of a bereavement support program", in: *Oncology Nursing Forum*. Houston: St. Luke's Episcopal Hospital, Nov-Dec 1994.

BYOCK, I. *Dying well: peace and possibilities at the end of life*. New York: Riverhead Books, 1997.

CALDERÓN ZÚÑIGA, Deifilia. *Clínica de control del dolor Hospital Calderón Guardia: su impacto en la calidad de vida en pacientes con cáncer*. San José: Universidad de Costa Rica, 1993 (dissertação).

CAMPBELL, L. M.; MURRAY, T. Stuart. "Videotaped consultations", in: *The British Journal of General Practice*. England: Royal College, November 1995, vol. 45, nº 400.

Cancer Pain Release. EE.UU: University of Wisconsin-Madison, 1998, vol. 11, nº 4.

Cancer Pain Relief and Palliative Care – Report of a WHO Expert Committee. USA, 1990.

CAPRA, F. *A teia da vida*. São Paulo: Cultrix, 1996.

CARVALHO, Maria Margarida M. J. de (coord.) *Introdução à psico-oncologia*. Campinas, SP: Psy II, 1994.

CARVALHO, Maria Margarida M. J. de (coord.) *Resgatando o viver. Psico-oncologia no Brasil*. São Paulo: Summus, 1998.

CARVALHO, Maria Margarida M. J. de (org) *Dor: um estudo multidisciplinar*. São Paulo: Summus, 1999.

CASCUDO, C. *Dicionário do Folclore Brasileiro*. Belo Horizonte: Itatiaia, 1984.

CASSORLA, R. M. S. (coord.). *Da morte: estudos brasileiros*. Campinas, SP: Papirus, 1991.

CHEVALIER, J. & GHEERBRANT, A. *Dictionnaire des symboles*. Paris: Robert Lafont, 1982.

CHOCHINOV, H. M. et al. "Will to live in the terminally ill", in: *Lancet*. Canada, 1999.

CIRLOT, Juan-Eduardo. *Dicionário de símbolos*. São Paulo: Moraes, 1984.

COTTERELL, A. *The encyclopedia of mithology*. London: Annes, 1996.

DITTRICH, A.; OLIVEIRA, L.; ZENDRAN, R. *Pioneiros da Psicologia Brasileira*. Rio de Janeiro: Imago/ Brasília: CFP, 2001.

DOLAN, M. B. "The invisible volunteer", in: *American Journal Nursing*. USA, Aug. 1994.

DUNBAR, S. "An obstructed death and medical ethics", in: *Journal Medical Ethics*. England, 1990.

EISER, Christine. "Making Sense of Chronic Disease The Eleventh Jack Tizard Memorial Lecture:, in: *The Journal of Child Psychology and Psychiatry and Allied Disciplines*. England: Pergamon, November 1994, vol. 35, n∞ 8.

ELIAS, N. *La soledad de los moribundos*. México: Fondo de Cultura Económica, 1989.

ELISER, C. "Making sense of chronic disease. The eleventh Jack Tizard Memorial Lecture", in: *The Journal of Child Psychology and Psychiatry and Allied Disciplines*. England: Pergamon, Nov. 1994.

EPSTEIN, G. *Imagens que curam*. Rio de Janeiro: Xenon, 1990.

EPSTEIN, G. *Curar para a imortalidade*. São Paulo: Psy, 1998.

ERICKSON, Milton; ROSSI, Ernest L. *O Homem de Fevereiro*. Campinas, SP: Psy, 1994.

Escrituras Sagradas. São Paulo: Novo Mundo, 1986.

FEIRA, da Maria. "Quantity and quality of information disired by Portuguese cancer patients", in: *Support Care Cancer*. Portugal, 1999.

FOLEY, K. "A 44-year-old woman with severe pain at the end of life" [clinical conference], in: *JAMA*. New York: Memorial Sloan-Kettering Cancer Center, May 26 1999.

FONSECA, J. *Psicodrama interno*. São Paulo: SOBAP, 1985.

FONTANA, D. *"The Secret" Language of Symbols*. London: Duncan Baird, 1993.

FORDHAM, Michael. *New Developments in Analytical Psychology*. London: Routledge and Kegan Paul, 1957.

FRANK, J. L.; CRAMER, M. O. "Development of an oncology services performance improvement team", in: *Journal Health Quality*. USA: PubMed, Nov-Dec 1998.

GANNON, Craig. "Cancer patients' place of death", in: *The British Journal of General Practice*. England: Royal College, November 1995, vol. 45, n∞ 400.

GANZ, Patricia A. "Measuring Health Care Quality: Breast Cancer", in: *Discussion Paper*. USA: AHCPR Publications, August 1996.

GILES, R. T. *Dicionário de filosofia*. São Paulo: EPU, 1993.

GIMENES, Maria da Glória G. *Introdução à Psico-oncologia*. Campinas, SP: Psy, 1994.

GRIMAL, P. *Dicionário da mitologia grega e romana*. Rio de Janeiro: Bertrand Brasil, 1997.

GROF, Stanislav. *Books of the dead: manuals for living and dying*. London: Thomas and Hudson, 1994.

GROF, Stanislav. *Beyond death*. London: Thames and Hudson, 1995.

HENNEZEL, M. *Intimate death*. London: Little, Brown and Company, 1997.

HENNEZEL, M.; LELOUP, J. *A arte de morrer*. Petrópolis, RJ: Vozes, 1999.

HERZOG, E. *Psyche and Death*. Dallas, Texas (U.S.A.): Spring Publications, 1983.

HILLMAN, J. *Cidade & alma*. São Paulo: Studio Nobel, 1993.

HITTLE, J. M. "Grieving together", in: *American Journal Nursing*. USA, Jul. 1995.

HOLLAND, Jimmie C. *Handbook os Psychooncology*. New York: Oxford University Press, 1990.

HONMA, K.; SHIDA, H.; MISHINA, M. CHIYOTANI, K. "Neu in Österreich zugelassene Arzneispezialitäten und neue Erkenntnisse über schon länger im Handel befindliche Arzneispezialitäten", in: *Wiener Klinische Wochenschrift*. Austria, Springer-Verlag 1993, vol. 105.

HOUAISS, A. *Dicionário da Língua Portuguesa*. Rio de Janeiro: Objetiva, 2001.

HUDZINSKI, Dionetta M. "An Algorithmic Approach to Cancer Pain Management", in: *The nursing clinics of North America* – Relieving Cancer Pain. Philadelphia: W. B. Saunders, december 1995, vol. 30, nº 4.

HULSEY, Timothy L.; FROST, Christopher J. "Psychoanalytic psychotherapy and the tragic sense of life and death", in: *Bulletin of the Menninger Clinic* – A Journal for the Mental Health Professions. USA: Menninger, Spring 1995, vol. 59, nº 2.

HÜRNY, C. "Psyche and cancer – Odyssey of an old idea in the troubled waters of modern science (editorial)", in: *Annals of Oncology*. Bern, Switzerland, 1990.

HUTCHENS, Gayle C. "Differentiated Interdisciplinary Practice", in: *JONA* – The Journal of Nursing Administration. Indiana, USA: J. B. Lippincott, June 1994, vol. 24, nº 6.

INNES, Brian. *Death and the Afterlife*. New York: St. Martin's, 1999.

JACOBSON, E. *Relaxamento progressivo*. São Paulo: Cultrix ,1976.

JAFFÉ, Aniela; ROHN-F.L.; VON FRANZ, M-L. *A morte à luz da psicologia*. São Paulo: Cultrix ,1995.

JARRET, N.; PAYNE, S.; TURNER, P.; HILLIER, R. "Someone to talk to and pain control: what people expect from a specialist palliative care team", in: *Palliative Medicine*. Southampton, UK, 1999.

JCI – Joint Commission International (A subsidiary of the Joint Commission on Accreditation of Healthcare Organizations). Illinois, USA.

JONES, S. A. "Personal unity in dying: alternative conceptions of the meaning of health", in: *Journal Adv. Nurs*. England, 1997.

JUNG, C. G. *Transformaciones y símbolos de la libido*. Buenos Aires: Paidós, 1952.

JUNG, C. G. *Memórias, sonhos, reflexões*. Rio de Janeiro: Nova Fronteira, 1963.

JUNG, C. G. *The Collected Works of Carl G. Jung*. Princeton: Princeton University Press, 1971. Bolingen Series.

JUNG, C. G. *O eu e o inconsciente*. Petrópolis, RJ: Vozes, 1987.

JUNG, C. G. *A vida simbólica*. Petrópolis, RJ: Vozes, 1997.

KAST, V. *A time to mourn*. Switzerland: Daimon Verlag, 1988.

KAST, V. *A dinâmica dos símbolos*. São Paulo: Loyola, 1997.

KAY, P. *A to Z of Hospice and Palliative Care*. Oxford: Study Centre – Sir Michael Sobell House – Churchill Hospital, 1994.

KOVACS, M. J. (coord.). *Morte e desenvolvimento humano*. São Paulo: Casa do Psicólogo, 1992.

KÜBLER-ROSS, E. *Vivir hasta despedirmos*. Barcelona: Luciérnaga, 1995.

KÜBLER-ROSS, E. *La muerte: un amañecer*. Barcelona: Luciérnaga, 1995.

KÜBLER-ROSS, E. *Morte: estágio final da evolução*. Rio de Janeiro: Nova Era, 1996.

KÜBLER-ROSS, E. *Sobre a morte e o morrer*. São Paulo: Martins Fontes, 1998.

KUGAYA, A. AKECHI, T.; NAKANO, T. et al. "Successful antidepressant treatment for five terminally ill cancer patients with major depression, suicidal ideation and a desire for death", in: *Support Care Cancer*. Japan, 1999.

KUTNER, J. S. et al. "Information needs in terminal illness", in: Soc. Sci. Med. 1999.

LASSAUNIÈRE, Jean-Michel et al. "Place de la musicothérapie dans les soins palliatifs" , in: *Info Kara* – Revue francophone de soins palliatifs. Genève: HUG (Hôpitaux Universitaires de Genève), septembre 1995, n∞ 39.

LESHAN, L. *O câncer como ponto de mutação*. São Paulo: Summus, 1992.

LINKS, M.; KRAMER, J. "Breaking bad news: realistic versus unrealistic hopes", in: *Support Care Cancer*. Germany, 1994.

LONGAKER, C. *Facing death and finding hope*. New York: Main Street Book, 1998.

LONGMAN, Addison W. *Dictionary of English Language and Culture*. England: Longman, 1999.

LOPEZ, E. "Cuidados Paliativos". Barcelona: Congresso, 1994.

LORENTZAN, M.; NAYSMITH, A. "Patient and carer preference for, and satisfaction with specialist models of palliative care: a systematic literature review", in: *Palliative Medicine*, 1999.

LUCENT, Frank E. "Treatment of Head-and-Neck Carcinoma with Noncurative Intent", in: *American Journal of Otolaryngology*. USA: Jonas T. Johnson, March-April 1994, vol. 15, n∞ 2.

MACDONALD, N. et al. *Oxford Text Book of Palliative Medicine*. Canada: Derek Doyle, 1999.

MAK, J. M.; CLINTON, M. "Promoting a good death: an agenda for outcomes research – a review of the literature", in: *Nurs Ethics*. USA, Mar 1999.

MATOS, Maria de Jesus Gomes. *O ser-no-mundo-com-câncer*. São Paulo: s.n., 1996.

MATTHEWS-SIMONTON, S. *A família e a cura*. São Paulo: Summus, 1990.

MAZZOTTI, G. *O método nas ciências naturais e sociais*. São Paulo: Pioneira, 1998.

McDOUGALL, J. "Theatres of the psyche", in: *Journal Anal. Psychology*. UK, Jan 2000.

MELLO FILHO, J. *Psicossomática hoje*. Porto Alegre: Artes Médicas, 1992.

MICHEL, Natacha; RICHARD, Dominique; RAPIN, Charles-Henri. "Le vécu de la mort en long séjour", in: *Info Kara* – Revue francophone de soins palliatifs. Genève: HUG (Hôpitaux Universitaires de Genève), septembre 1995, nº 39.

MILLER, S. *Depois da vida: desvendando a jornada pós-morte*. São Paulo: Summus, 1997.

Ministério da Educação e Cultura. *Mostra do redescobrimento: imagens do inconsciente*. Associação Brasil 500 anos. SP: Artes Visuais, 2000.

MORIN, E. *O homem e a morte*. Rio de Janeiro: Imago, 1997.

MORMONT, C. "L'impact psychologique du cancer sur l'entourage: une revue", in: *Annales Médico-Psychologiques* – Bulletin Officiel de la Société Médico-Psychologique. Paris, octobre 1992, vol. 150, nº 8.

MURAD, A. *M.; KATZ, C. Oncologia: bases clínicas do tratamento*. Rio de Janeiro: Guanabara Koogan, 1996.

MURPHY, P. A.; PRICE, D. M. "'ACT': taking a positive approach to end-of-life care", in: *American Journal Nursing*. NJ, USA: Beth Israel Medical Center, Mar 1995.

NUNLEY, J. W.; McCARTY, C. *Masks: faces of culture*. New York: Harry N. Abrams, 1999.

O'KANE, F. *A sombra de Deus*. São Paulo: Axis Mundi, 1999.

O'KINSKY, A. "Grandmom's blessing", in: *American Journal Nursing*. USA, Jan. 1996.

OLIVEIRA JÚNIOR, José Oswaldo. *Dor oncológica*. São Paulo: Âmbito, 1996.

PALMEIRA, Guido Antonio. *A medida da psique: uma apreciação das variáveis utilizadas na investigação dos aspectos psicológicos relacionados ao câncer*. Rio de Janeiro: Escola Nacional de Saúde Pública, 1994 (dissertação).

PALMEIRA, Guido Antonio. "Psique e Câncer", in: *Jornal Brasileiro de Psiquiatria*. Rio de Janeiro, mar. 1997.

PARKES, C. M. "Psychological aspects", in: SAUNDERS, C. *Hospice and Palliative Care: an interdisciplinary approach*. London: Edward Arnold, 1991.

PAYNE, Sheila et al. "Impact of Witnessing Death on Hospice Patients", in: *Social Science & Medicine*. UK: Pergamon, 1996, vol. 43, nº 12.

PENSON, J.; FISHER, R. *Palliative care for people with cancer*. London: Edward Arnold, 1994.

PIERRE, C. *A arte de viver e morrer*. São Paulo: Ateliê, 1998.

PORTMANN, Georges. "L'environnement Psychologique des Cancereux", in: *Revue de Laryngologie Otologie-Rhinologie*. France: janvier-février 1973, v. 94, nº 1-2.

RA, Haward. "Establishing cancer units (editorial)", in: *The British Journal of General Practice*. England: Royal College, November 1995, vol. 72.

RAMOS, D. G. *A psique do coração*. São Paulo: Cultrix, 1990.

RAMOS, D. G. *A psique do corpo: uma compreensão simbólica da doença*. São Paulo: Summus, 1994.

RAMOS, D. G. et al. *Os animais e a psique: do simbolismo à consciência*. São Paulo: Palas Athena, 1999.

RAZAVI, D.; DELVAUX, N. "The psychiatrist's perspective on quality of life and quality of care in oncology: concepts, symptom management, communication", in: *European Journal of Cancer*. Bruxelles: Institut Jules Border, 1995.

RELF, M.; COULDRICK, A.; BARRIE, H. *Grief and bereavement*. Oxford: Sobell, 1991.

RIBEIRO, Maria Cecília et. al. "A percepção da equipe de enfermagem em situação de morte: ritual do preparo do corpo pós-morte'", in: *Revista da Escola de Enfermagem*. São Paulo: USP, ago.1998, vol. 32, nº 2.

ROHN, F.-L. ET AL. *A morte à luz da psicologia*. São Paulo: Cultrix ,1995.

ROSSI, E. *The collected papers of Milton H. Erickson on hypnosis*. New York: Irvington, 1989.

ROSSI, E.; CHEEK, D. B. *Mind-body therapy: methods of ideodynamic healing hypnosis*. New York: W. W. Norton, 1998.

SAMUELS, Andrew; SHORTER, Bani; PLAUT, Fred. *Dicionário crítico de análise junguiana*. Rio de Janeiro: Imago, 1998.

SANDOR, P. *Técnicas de relaxamento*. São Paulo: Vetor, 1960.

SAUNDERS, C.; BAUM, M. "Quality of life during the treatment for cancer", in: *British Journal of Hospital Medecine*. London, nº 48, 1992.

SAUNDERS, C. *The founder of the modern hospice movement*. London: Hodder and Stoughton, 1994.

SECPAL. *Cuidados Paliativos*. Barcelona: Ministerio de Sanidad y Consumo, 1993.

SCHULTZ, J. H. *Relaxamento autógeno*. São Paulo: Mestre Jou, 1950.

SCHÜTZENBERGER, A. A. *Querer sarar: o caminho da cura*. Petrópolis, RJ: Vozes, 1995.

SIMONTON, O. C.; MATTHEWS-SIMONTON, S.; CREIGHTON, J. L. *Com a vida de novo: uma abordagem de auto-ajuda para pacientes com câncer.* São Paulo: Summus, 1987.

SPIEGEL, D. "Health caring. Psychosocial support for patients with cancer", in: *Journal of Cancer*. England: Stanford University School of Medicine, Aug 1994.

STEPHANY, T. M. "Michael's sign", in: *American Journal Nursing*. USA, Apr. 1993.

TURNER, Jo Anne T. "Nursing Care of the Terminal Lung Cancer Patient", in: *The nursing clinics of North America* – Relieving Cancer Pain. Philadelphia: W. B. Saunders, September 1992, vol. 27, n∞ 3.

TWYCROSS, R.; LACK, S. A. *A terapêutica em câncer terminal*. Porto Alegre: Artes Médicas, 1991.

TWYCROSS, R.; LACK, S. A. *Therapeutics in terminal care*. Oxford: Study Centre – Sir Michael Sobell House – Churchill Hospital, 1992.

TWYCROSS, T. *Introducting palliative care*. Oxford: Study Centre – Sir Michael Sobell House – Churchill Hospital, 1990.

TWYCROSS, T. *Symptom management in advanced cancer*. Oxford: Study Centre – Sir Michael Sobell House – Churchill Hospital, 1991.

TWYCROSS, T. *The dying patient*. London: Christian Medical Fellowship, 1992.

TWYCROSS, T. *A time to die*. London: Christian Medical Fellowship, 1994.

VON FRANZ, M. L. *A alquimia e a imaginação ativa*. São Paulo: Cultrix, 1979.

VON FRANZ, M. L. *Os sonhos e a morte. Uma interpretação Junguiana*. São Paulo: Cultrix, 1995.

VON FRANZ, M. L. et al. *A Morte à Luz da Psicologia*. São Paulo: Cultrix, 1995.

WARREN, Stanley. "The 'Image' of Cancer", in: *American Cancer Society* – Maine Division. USA, 1967.

WEISMAN, A. D. "Coping behavior and suicide", in: CULLEN, J. W.; FOX, B. H.; ISON, R. N. *Cancer: the behavior dimensions*. New York: Raven Press, 1970.

______________. "Psychosocial considerations in terminal care", in: *Psychosocial aspect of terminal care*. New York: Columbia University Press, 1972.

YEUNG, E. W.; FRENCH, P. "The impact of hospice inpatient care on the quality of life of patients terminally ill with cancer", in: *Cancer Nursing*. Hong Kong, 1999.

ZEIG, J. *Ericksonian psychotherapy*. New York: Brummer Mazel, 1985.

ZEIG, J. *Vivenciando Erickson*. Campinas, SP: Psy, 1993.

ZITTOUN, R. "Aspectos psicológicos de los cuidados de la fase terminal", in: *Revisiones en Cancer*. Madrid: Aran, 1991, vol. 5, nº 3.